ひなびた温泉研究員

みらい PUBLISHING

ドバドバに魂を震わせろ！

温泉好きのココロをメロメロにするものっていえば、やっぱりアレでしょう。ドバドバ源泉掛け流し。もー、たまんないですよねぇ。なんてったってものすごい量の源泉が惜しみなくドバドバと湯船に注がれるわけですから。そんでもってドバドバと注がれたぶん、湯船からザバザバとオーバーフローしていく。その眺めといったら壮観そのもの！

しかし、である。そんな温泉好きのココロをメロメロにするドバドバ源泉掛け流し温泉の本というものが、あってもよさそうなものなんだけど、世の中に存在しなかった。こ、これは実に由々しき事態ではないか。そんなコトでよいのか温泉本業界さん！（って、どんな業界よ？）ま、そうであるならば、かくなるうえは……と、我がひなびた温泉研究所でつくってしまおう！

と、つくってしまったのが本書『ドバドバ温泉ドバイブル』だったりします。

また、本書はひなびた温泉研究所が手がけた『日本百ひな泉』『真夏の温泉』に続く3冊目の温泉本でもあります。ひなびた温泉研究所は、ひなびた温泉好きなメンバーが集まったひなびた温泉を盛り上げるサポーター組織のようなもの（詳しくは140ページをご参照ください）。メンバーはみんな大の温泉好きばかりで、その中から手を挙げた有志のみなさんが、日本列島、東へ西へ、あっちでドバドバ、こっちでドバドバと、源泉を惜しみなく掛け流すドバドバ温泉を取材し、記事を執筆しています。つまり温泉マニアによって書かれた温泉本なので、選ばれた温泉はどれもハズレなしの名湯ばかり。掲載された100湯のドバドバ源泉掛け流しの温泉は、どれも感動すること間違いなしの温泉です。ぜひとも本書を片手にドバドバ温泉巡りをして、ココロをメロメロにしちゃってくださいませ！

ひなびた温泉研究所ショチョー　岩本薫

もくじ

北海道地方

東北地方

発表！

ドバドバ温泉ベストテン！

え〜、ドバドバ温泉の中にも「これぞドバドバ温泉の中のドバドバ温泉！」というようなスゴいドバドバ温泉というものがあったりして、じゃあ、温泉マニアが選ぶドバドバ温泉ベストテンなんていうのはどうだろう？　ちょっとワクワクしませんか？
というわけでひなびた温泉研究所のメンバーでランキングを集計してみました！　さて結果はいかに！

発表します、
パンパカパーン！

「トド寝の聖地」として名高い、
温泉マニア憧れの温泉だ！

1位　青森県　古《ふる》遠《とお》部《べ》温泉

見よ！　この流れる川の如き豪快なオーバーフローを！

濃厚な薬湯がドバドバあふれる奇跡の温泉

秋田県との県境に位置する矢立峠の山奥に佇む一軒宿、古遠部温泉。この昭和時代から続く温泉は、その古き良き雰囲気で知られています。小さな温泉宿ですが、全国の温泉ファンの間では超有名です。

析出物の積もった湯室の美しさはまさに芸術品、ユネスコの世界遺産に登録したい。湯量は毎分５００リットル。小さなお風呂はまさに洪水状態。なにか異常事態が起こっているかのようで最初はビックリするでしょう。湯に浸かり目を閉じてじっとしていると、湯口からの湯の音と共に女湯からおばあさんたちの世間話の声が。しかし高度な（重度の？）津軽弁で内容は全く理解できず、まるでＢＧＭのよう

客室。おひとり様 OK です。冷暖房完備。

浴室においてあるトド寝マット、２枚あります。析出した堆積物で背中が痛くならないようにとの配慮。

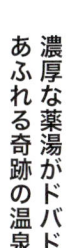

地中から自然湧出したお湯は分配升に入ってからスグに男女浴室へ。
源泉から湯口まで３メートル程度、超新鮮です。

に流れてきます。

お湯の温泉成分が1リットル中４９５７㎎もある濃厚な温泉で、「ナトリウム・カルシウム－塩化物・炭酸水素塩・硫酸塩泉」という長々しい泉質名が特徴です。多様な成分が含まれており、舐めてみると貧血や婦人病に効く鉄分もしっかりと含まれています。美肌効果のあるといわれるメタけい酸は１７２㎎も含まれており、炭酸ガスも４５０㎎含まれています。高温のためラムネ状にはなりませんが、血行促進に抜群の作用がありそうです。

また源泉井戸から湯口までの距離は数メートルで超新鮮。なんの加工もせずダイレクトに投入され、足元湧出に匹敵します。お湯の新鮮さを示す新湯注入率は、約20分で浴槽が新湯に入れ替わるほど。さらに1日に朝夕2回も換水清掃をしているのには脱帽です。

自然のままの新鮮なお湯に浸かっているだけで気持ちがよいのはもちろんですが、体調まで整ってご利益があるのは嬉しいもの。実際に長年通っている地元の

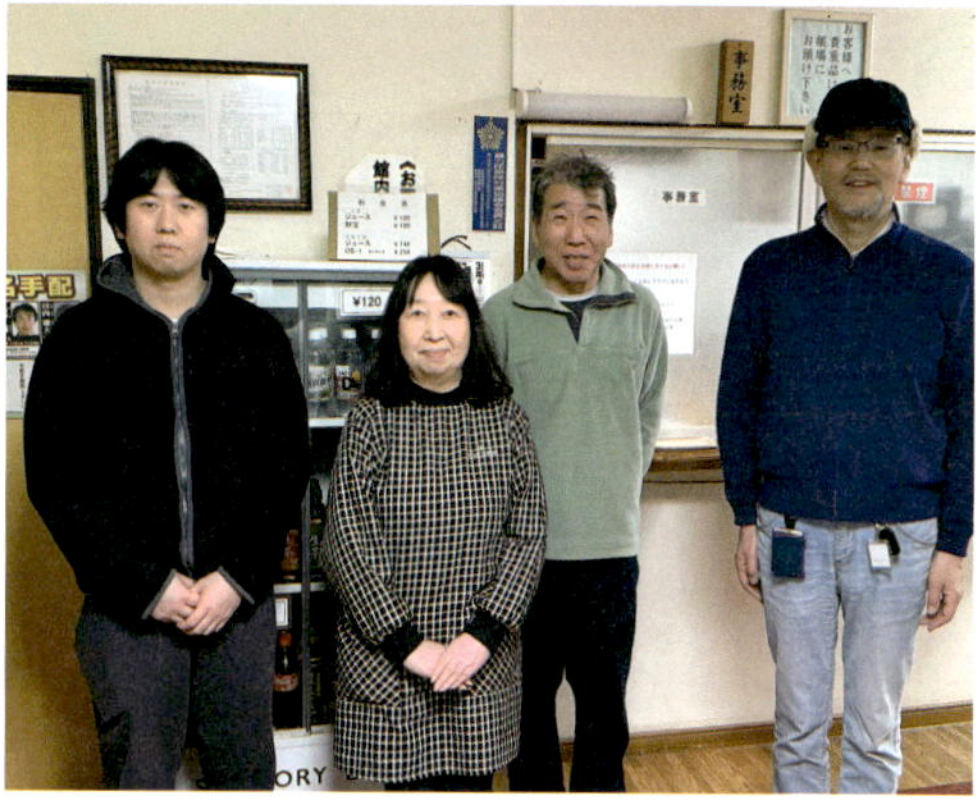

2023年に事業を継承された新しいご主人（共同代表）。
応援しています。

烏骨鶏を飼育されていて新鮮な
卵をいただけることも。

お客さんの中には、アトピー性皮膚炎や腰痛、リュウマチ、うつ、そしてデトックス効果による乳がんの治癒など、様々な効能を感じている方々がいらっしゃいます。

トド寝の聖地といえば古遠部

浴室の床は湯船からあふれた大量のお湯が層を成して常に流れています。そこに仰向けになって寝そべり、ぼーっとするのが「トド寝」。公衆浴場の床で寝そべる行為は通常マナー違反。しかし温泉がとびぬけて豊富な青森県に限っては文化となっています。その独特の浴法であるトド寝もここ古遠部が聖地と言われており、なんと浴室にはトド寝マットまで用意されています！　しかしご主人の息子さんによると、マットでなく直に寝るのも温かくて気持ちが良いとのこと。女性はお湯が流れる床に足を延ばした状態で座り、掛け湯をしながら過ごすのもオススメだそう。もちろんトド寝もＯＫ。

最近事業継承を受けた今のご主人が新たに許可申請中のため、宿泊は今のところ素泊まりのみとなっています。冷蔵庫、電子レンジ、湯沸かしポットが利用可能。烏骨鶏を飼育しており、新鮮な卵かけご飯をふるまっていただけるそうです。いつまでも続いてほしい温泉、みんなで応援していきたいです。

森泰成

古遠部温泉

泉質　ナトリウム・カルシウム–塩化物・炭酸水素塩・硫酸塩泉
住所　青森県平川市碇ヶ関西碇ヶ関山 1-467
電話　0172-46-2533
料金　400円
宿泊　素泊まり 7,650円

2位　山梨県　玉川温泉

ごくフツーの住宅街の中に、こんなド級の
ザバザバオーバーフロー温泉があるなんて!?

浴室のドアを開けたら、スゴい光景が目に飛び込んできた。

お、温泉の洪水じゃん……。

口をあんぐりさせるとは、まさにこんなときのことをいうのだろう。広すぎず狭すぎず、飾りっ気のない湯船がふたつあって、メインと思われる湯船からは、唖然とするほどにザバザバと湯があふれているのだから。

しかも、ここは名のある温泉地というわけではない。ごくフツーの住宅街の中にある温泉施設だ。そこに「玉川温泉」と書いてなければ、どこかの開業医のクリニックかな？　って思えるような温泉らしからぬ建物だったりするのだから、驚きもひとしおなのである。

さて、そんな玉川温泉の湯はどうかというと、これまたいい湯なんだなぁ。それはまず見た目でもわかる。床全体が温泉の成分で褐色に染まっている。お、これは期待できるかもって感じなのだ。で、そんなふうに期待に胸をふくらませながら湯に浸かれば、玉川温泉の湯はその期待に見事に応えてくれるのだ。

微かな卵臭とアブラ臭をまとった湯はぬるめでツルスベ感のある浴感。そして、これだけのドバドバ湯だから当然といえば当然なんだけど、鮮度も抜群。泡付きのよさがそれをうれしく証明してくれる。そんな極上湯に、ぬるめなので長く浸かっていられるのだ。でも、ぬるめといえども湯上がりは汗がなかなかひかない。それもまたいい湯の証と言っていいだろう。玉川温泉はそんな湯を惜しみなく洪水のごとくザバザバとあふれさせているのである。実にブラボーな温泉だ。

そんな夢のような温泉を独り占め!?

浴室にあるふたつの湯船の違いもおもしろい。湯が洪水のようにザバザバとオーバーフローしている湯船は前述したようにメインの湯船で、その隣に湯が白濁した湯船がある。よく見るとちょっと頼りないジャグジーのように湯船の中からぷくぷくと泡立つ水流がある。そう、こっちの湯船は湯船の底から源泉を投入

サブの湯船は底から源泉を投入。
ジャグジーのようになっている。

しているんですね。湯全体がマイクロバブルのように細かく泡立って白濁した湯に見えるのだ。源泉は同じだけど、こっちは泡付きが半端ない。ふたつの湯船で、それぞれ豪快なザバザバオーバーフロー湯と泡付き抜群湯が楽しめるというわけ。

そして、最後に特筆したいのが、ここ、玉川温泉は独泉率もそこそこ高かったりする。最寄り駅からはちょっと遠い住宅街の中にあるからだろう。けっこう空いている。たとえ先客さんがいたとしても、しばらくするとあっさりと一人きりになって独泉状態になるなんていうことは珍しくはない。こんな夢のようなドバドバ温泉をワタクシごときが独り占めしちゃっていいんですか？　と。平日のお昼どきなんかは狙い目。忘れられない入浴体験になることうけあいですよ！

岩本薫

なぜか看板が打ち捨てられている？

玉川温泉

泉質　ナトリウム–炭酸水素塩・塩化物泉（低張性・弱アルカリ性・温泉）
住所　山梨県甲斐市玉川1038-1
電話　055-276-3462
料金　500円

3位 富山県 庄川湯谷温泉旅館

能登半島地震を経て、さらに激しく噴射するようになったドバドバババズーカ温泉！

例年冬季は休業する湯谷温泉旅館。令和6年1月1日夕方、激しい揺れとともに能登半島沖を震源とする震度7の大地震が発生した。それは能登半島のみならず、隣接する富山県、新潟県、福井県にも被害をもたらしたことは記憶に新しい。その時、幸いにもここでは大きな被害は無かったものの、湯量が増えた。約2割。いままでにも湯量の変化はあったが、暫くすると落ち着いていた。今回の地震のような大幅な湯量増加は初めてとのこと。

みなさんに大変人気の湯口。これはバズーカ砲というのか、砲塔というのか、はたまた噴射砲か。その湯口から大幅に増加した源泉が激しく噴射。以前から洗い場は水没していたが、現在は洗い場を越えて虹のように湯が噴き出している。この砲塔はシーソー式のため、男女どちらかで噴き上げるとどちらかは湯の中に

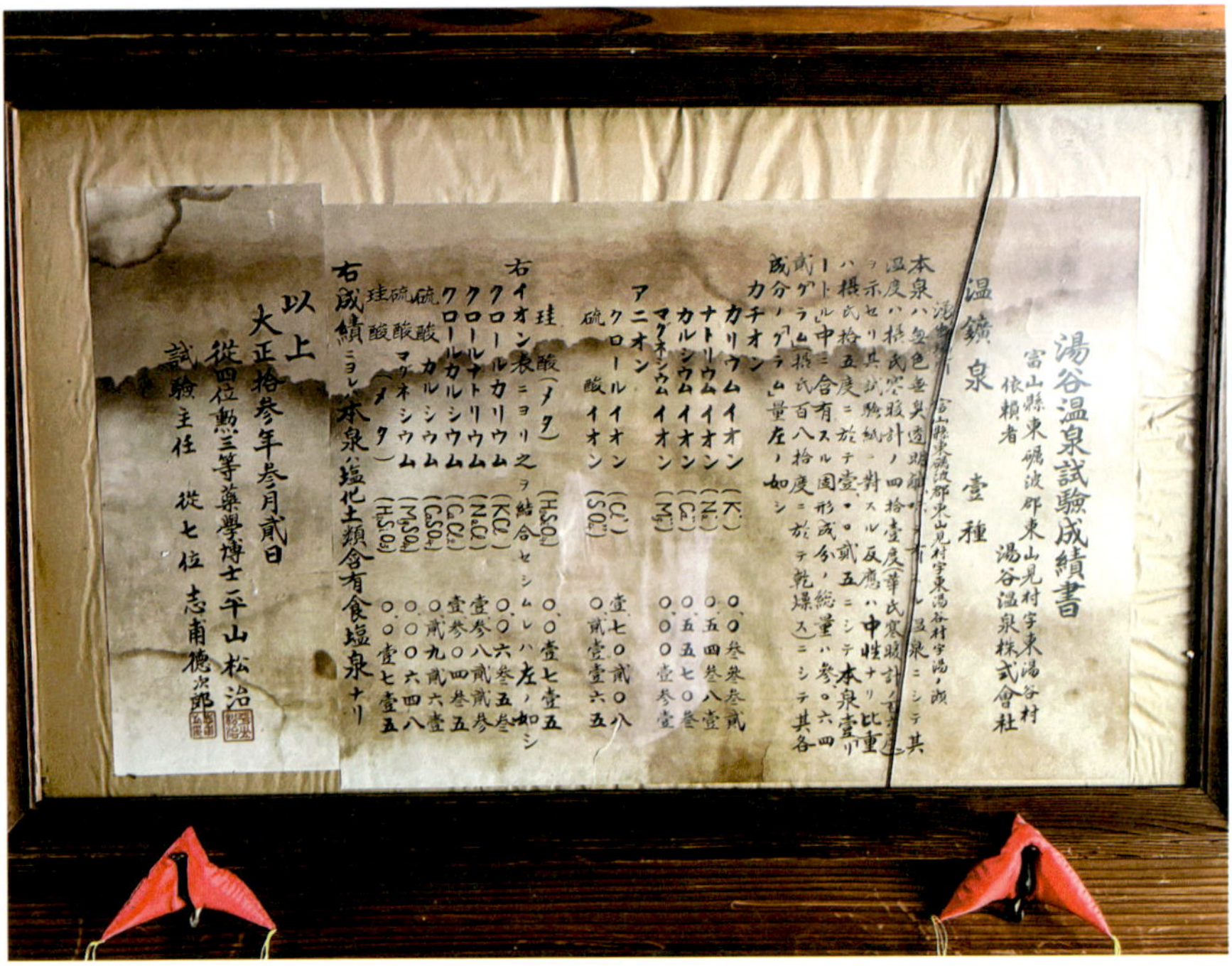

湯谷温泉試驗成績書

富山縣東礪波郡東山見村字東湯谷村

依頼者 湯谷温泉株式會社

温鑛泉 壹種

温度ハ攝氏寒暖計ノ四拾壹度(華氏寒暖計…度)ヲ示セリ其試驗紙ニ對スル反應ハ中性ナリ比重ハ攝氏拾五度ニ於テ壹・〇〇貳五ニシテ本泉壹リートル中ニ含有スル固形成分ノ總量ハ〇・六四貳グラム(攝氏百八拾度ニ於テ乾燥ス)ニシテ其各成分ノ「グラム」量左ノ如シ

カチオン		
カリウムイオン	($K^{\cdot}$)	〇、〇参参参貳
ナトリウムイオン	($Na^{\cdot}$)	〇、五四参八壹
カルシウムイオン	($Ca^{\cdot\cdot}$)	〇、五五七〇参
マグネシウムイオン	($Mg^{\cdot\cdot}$)	〇、〇〇壹参壹
アニオン		
クロールイオン	(Cl')	壹、七〇貳〇八
硫酸イオン	(SO_4'')	〇、貳壹壹六五
硅酸(メタ)	(H_2SiO_3)	〇、〇壹七壹五

右イオン表ニヨリ之ヲ結合セシムレハ左ノ如シ

クロールカリウム	(KCl)	〇、〇六参五参
クロールナトリウム	($NaCl$)	壹、参八貳貳参
クロールカルシウム	($CaCl_2$)	壹、参〇四参五
硫酸カルシウム	($CaSO_4$)	〇、貳九貳六壹
硫酸マグネシウム	($MgSO_4$)	〇、〇〇六四八
硅酸(メタ)	(H_2SiO_3)	〇、〇壹七壹五

右成績ニヨレハ本泉ハ塩化土類含有食塩泉ナリ

以上

大正拾参年参月貳日

従四位勲三等藥學博士 平山松治

試驗主任 従七位 志甫徳次郎

沈む。男女交互に仲良く砲塔シーソーを楽しんでほしい。また、暫くすると、腹にドーンドーンと言う響く音が。これは何だ！小牧ダムからの放流の衝撃音か。貯水量も湯量に影響があるとのことだが、不思議なことだ。また、さらには湯の香りも地震後濃くなったような気がして極上極上。

長湯を楽しめる、ゴチソウぬる湯

噴射するドバドバのぬる湯を楽しみ、旧旅館の長い廊下を歩いていると、100年前の温泉分析表を発見する。長い歳月の間にそれは相応に変色し破れているものの、ハッキリと当時の主任試験官の記載あり。100年を経て目にするご先祖様の御名前に不思議なご縁を感じる。

これまで私は庄川の小牧ダムができてこの湯谷温泉が生まれたと勘違いをしていたが、試験分析表は大正13年（1924年）の日付け。小牧ダムの完成は1930年。ダムができる前から庄川には何か所も温泉が湧いていたというが、小牧ダムの完成後は、ダムにより水没し、温泉は湯谷温泉旅館のみとなったようだ。

100年以上もの長い時の流れの中で、受け継がれ守られてききた湯谷温泉。豊富な湯量のため、加水・加温・循環・消毒などすべて必要なく、39・4度とぬる湯のためゆっくりくつろげる。胃腸や筋肉痛によく、切り傷・末梢神経障害・冷え性・うつ状態・皮膚乾癬症にも効果があるとのこと。

元旅館ということがうかがえる外観。
泊まってみたかったなぁ。

激シブでワイルドな脱衣場。

こんなユニークな温泉ほかにある？　貴重な入浴体験になりますよ。

湯谷温泉では、近年とりわけ意図しないＳＮＳの弊害などによりトラブルが頻発した。そのため、無人ではなく女将さんやご主人が必ず受付にいらっしゃる。マナーを守り、全国的にも稀有なドバドバ温泉を堪能させていただいた後、女将さんから湯谷温泉の歴史についてお話を伺うのもまた一興である。

志甫浩之

庄川湯谷温泉旅館

泉質　ナトリウム・カルシウム–塩化物泉
住所　富山県砺波市庄川町湯谷 235
電話　0763-82-0646
料金　500 円

4位　鹿児島県　妙《みょう》見《けん》温泉 秀水湯

シュワッシュワな源泉がドバッドバと
これで200円でいいんですかっ!!

霧島市の深い山の中にひっそりと存在する妙見温泉。温泉街といってもギラギラとした華やかさは一切なく、静かに時を刻み湯治客を受け入れるその様は、深山幽谷の中にある温泉街といった言葉がぴったりの穏やかでとても素晴らしい場所だ。四季を鮮やかに彩るとても豊かな木々と、温泉街の中心を流れる天降《あもり》川《がわ》の景観はとても印象的で、そして本当に美しい。妙見温泉の歴史は古く、開湯はなんと1895年（明治28年）。

そしてここ、昭和56年創業の「秀水湯」はそんな妙見温泉の中でも温泉通がこぞって推す、名湯中の名湯である。

天降川の景観に見惚れながら川沿いに車を走らせていると、秀水湯はいきなり現れる。これはいい意味で、いわゆる温泉街らしさがほとんど感じられない道沿いに、ひっそりと佇んでいるので、よほど意識していないと初見では確実に見落とすから注意が必要だ。入り口に謙虚に書かれた看板には「秀水湯」の文字。つまり「秀でた水の宿」。もう名前からして大満足だ。いやーもう名前が本当に格好いい。

湯小屋の床は鉄成分で黄土色！　白いタオルを置くと一瞬でタオルが黄土色に！床は大洪水！　地元の常連さんと一緒に寝そべってトド寝を楽しむのも◎

開けた駐車場に車を停め、入り口らしきところに向かうと、受付的なものは一切見当たらない。そう、受付は無いのだ（笑）。ただし、受付がないからといって無料ではない。これまたとっても謙虚に置かれた料金箱に、「本当にいいの？」と思うほど激安な２００円を投入することを絶対に忘れないでほしい。これも初見ではどこに料金箱があるのかほとんどの人はわからない。湯船の方にはない。事務所の入り口に竹の筒があるのでそこへ入れるように。

ひなびた湯小屋のシビレる存在感

併設されている治療院の横の小道を抜けると、コンクリートでできた年季満タンの小屋の圧倒的な存在感に驚くはずだ。湯小屋のひなび方が尋常ではない。ひな研読者の皆々様であれば、これはかなりのご満足をいただけるはずだ。

男湯も女湯もふたつずつあり、男湯は女湯を挟んで飛地になっている。弾む胸を押さえてメインの浴槽の扉を開けると……これはやばい。もうドバドバというかザバザバというか、バシャバシャというか、温泉街や入り口の看板にあったあの奥ゆかしい謙虚な感じは、もうこの湯船には全くない。これでもかと自噴している大量の極上湯がその謙虚さを忘れて圧倒的な力強さで惜しげもなく浴槽に流れ込んでいる。その様は見ているだけで爽快で、入る前からすでに気持ちがいい。そのくらい大量のお湯が浴槽全体にあふれているのだ。しばしその湯量に感動し、

温泉の成分 禁忌症・適応症
妙見温泉 秀水湯
泉質 ナトリウム・カルシウム・マグネシウム
炭酸水素・塩泉(低張性・中性・高温泉)
泉温・湯源 四三・七 度
性状 無色透明・清涼味・無臭
＊適応症
神経痛・筋肉痛・関節痛・五十肩・運動麻痺
関節のこわばり・うちみ・くじき・慢性消化
器病・痔疾・冷え症・病後回復期・疲労回復
健康増進・きりきず・やけど・慢性皮膚病
などに効果あり。
＊禁忌症
高度の動脈硬化症・高血圧症・心臓症・妊娠初
期と末期の方、その他病気中の方は、高温度
長入浴は、避けてください。
平成四年三月 鹿児島県

圧倒されながらいざお湯へ。
「おお！　なんだこの爽快感！　気持ち良すぎる!!」
と思わず声が漏れてしまう。それもそのはず、41度の適温に大量の気泡がパチパチと弾けている。入った瞬間身体に付着する大量の泡、泡、泡。少し飲んでみるとうっすら鉄の味、そして出汁の味もする。そう、ここ秀水湯はその湯量の圧倒的な破壊力もさることながら、泉質は極上の出汁系炭酸泉というのだからこれはもう言うことなし。いや、言うことなしというか「極上」としか言えないのである。

矢作一樹

こぢんまりとした打たせ湯もある。

妙見温泉 秀水湯

泉質　ナトリウム・カルシウム・マグネシウム–炭酸水素塩泉
住所　鹿児島県霧島市隼人町嘉例川 4389-1
電話　0995-77-2512
料金　200 円
宿泊　素泊まり 3,000 円

店主の立元さんは、28 歳で宿を創業。「お湯の温度が急激に下がるなど苦難もあったが、乗り越えて多くのお客様に支えられている。最近は若い方にもよくいらしていただく」とおっしゃっていました。

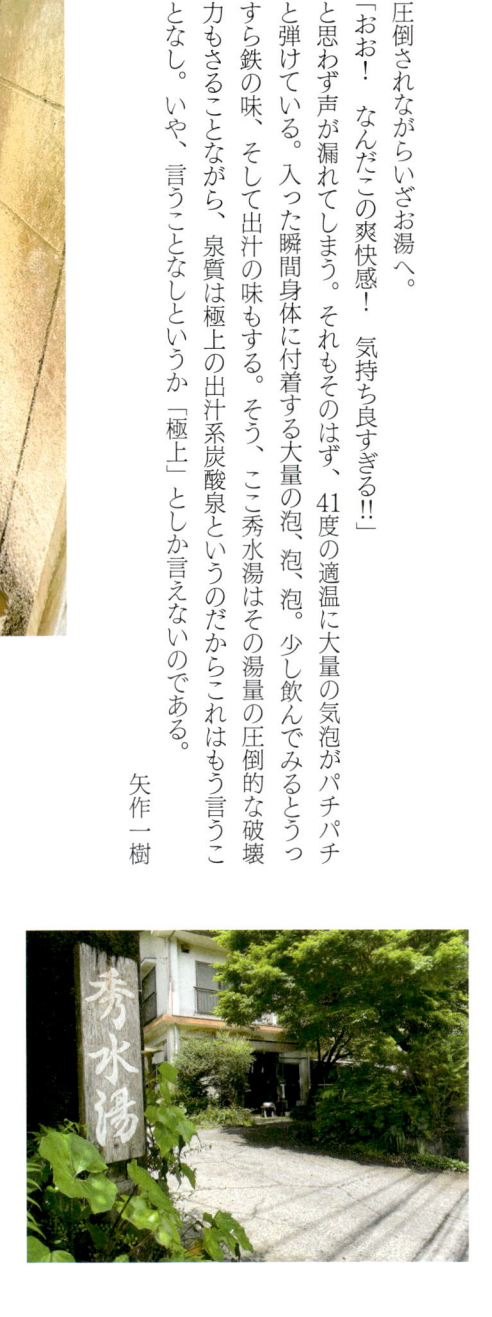

5位　青森県　姉戸川温泉

武骨な作りに昭和の風情を感じる。天井はとても高くて解放感がある。

鉄パイプから噴射されたお湯は湯面に叩き付けられ、勢いよくオーバーフローしてゆく

青森県には味のある温泉が多い。ふつう、名泉と言われる温泉は山奥にあったり、有名な温泉地にあるものだが、青森県ではそれが何の変哲もない町中の公衆浴場だったりする。中にはとんでもない温泉があったりするが、姉戸川温泉は正にそんな温泉だ。

外観はただのひなびた公衆浴場であるが、ここは温泉通には有名な温泉だ。開業は昭和55年だが、建物も館内もそれ以上に歴史を感じさせる。館内に入ると、受付後ろの小泉元首相らしきぬいぐるみに目を引かれる。雑然とした佇まいは昭和の時代から時間が止まったままだ。

浴室内は、赤茶けたレトロなタイルの床に色褪せた黄緑色&白タイルの壁が印象的だ。いかにも昭和な公衆浴場である。浴室中央の大型の湯船には奥の鉄パイプからドバドバお湯が注ぎ込まれ、浴室内には轟音が響き渡る。その勢いが尋常でないのである。無機質な鉄パイプから噴射されたお湯は湯面に激しく叩き付けられ、湯面は波打ち、そのまま勢いよくオーバーフローしてゆく。流れ出たお湯でケロリン桶も流される。

鉄パイプの上方に目を向けると、鉄パイプは更に上まで伸び、

誰も入っていなければ打たせ湯にチャレンジしてみよう。

女子風呂へと続く。その武骨な作りがひなびた温泉愛をくすぐるのである。

トロトロ・ヌルヌル・アワアワのドバドバ温泉は人をダメにする極上湯

このドバドバ温泉はお湯もただものではない。敷地内から湧き出た源泉は鮮度抜群だ。ほぼ無色透明だが茶褐色がかっているようにも見える。ほんのり香る硫黄臭に温泉気分も盛り上がる。お湯はヌルヌル・トロトロ系だ。少しヌルヌルではなく、ヌルンヌルン・トロントロンなのである。正に天然の化粧水、お肌はツルツル・スベスベになる。おまけにお湯に浸かっていると細かな泡が肌にまとわりついてくる。ヌルヌル・トロトロ泉はアワアワ泉でもあるのだ。源泉温度は38度程度であるが、そのまま加温しないため、ぬる湯である。湯船の手前部分はなぜか浅くなっていて、トド寝して下さいと言わんばかりだ。ドバドバ音を聞きながら頭の中を空っぽにしてお湯に浸かっているとついつい長湯してしまう。ぬる湯で

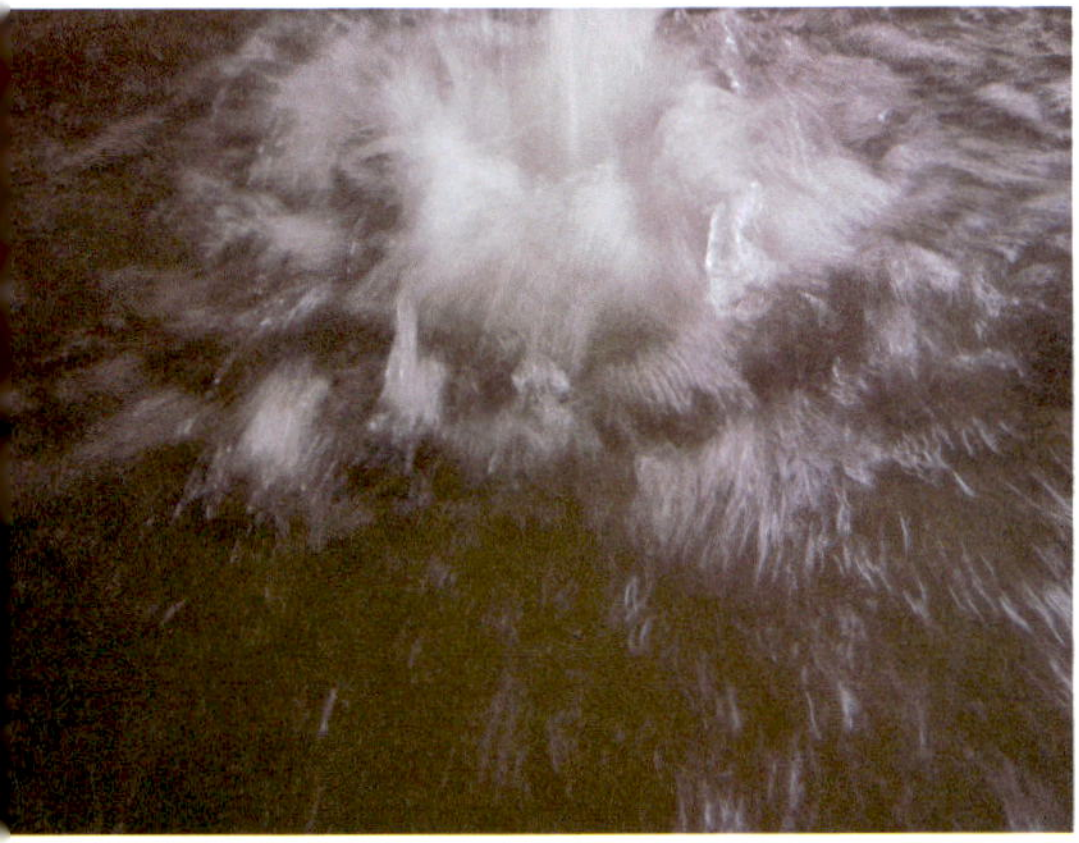

お湯が緑色に見えるのは底が緑色に塗装されているからだ。

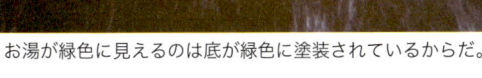

お湯は凄いのに建物はいたって普通の昭和の共同浴場。青い森鉄道の小川原駅から歩いてすぐ。

カランのお湯も温泉なのでヌルヌルだ。公衆浴場のためボディーソープは持参が必要。

雑然とした館内は昭和の時代から時間が止まったままのようだ。

はあるが身体がとても温まるお湯である。入浴後は身も心もトロトロ。全身の力が抜けてしまう。ドバドバ温泉は人をダメにする極上泉なのだ。

このドバドバ温泉は青森駅から電車で約一時間、青い森鉄道の小川原駅から歩いてすぐのところにある。目の前を県道が走っており、住宅が点在する地域にある共同浴場だ。入浴料は値上がりして２５０円になったという。たった２５０円だなんてウソでしょ！　安過ぎやしませんか！　空いていることも多く、貸切状態も珍しくないという。こんな温泉が近くにあったら毎日通ってしまいそうだ。近隣の方が羨ましい限りである。

広野隆司

それにしても、いろんな温泉があるんだなぁってつくづく思う。

姉戸川温泉

泉質　アルカリ性単純温泉
住所　青森県上北郡東北町大浦中久根下 98
電話　0176-56-3529
料金　300 円

6位　山梨県　はやぶさ温泉

鯉の口からバズーカ砲のように
源泉が。こりゃあ眼福な光景だ。

入って良し飲んで良し食べて良し！ドバドバあふれる地球からの贈りもの

山梨県に数多く点在する名湯のひとつが、はやぶさ温泉だ。何と言ってもその湯量と泉質が素晴らしく、一度入れば脳裏に焼き付き、虜になってしまうことうけあいだ。笛吹川沿いの自然豊かな地に旅館のような佇まい。見た目とは裏腹に日帰り専門である。

浴室に入ると、見たこともないお湯の注がれ方にビックリ。活きの良い感じの鯉の口からブシャーッと温泉が噴水状態で大量に吐き出されているではないか！　湯口に特徴のある温泉は嬉しくなってしまう。しかも鯉はレア！　当然ながら浴槽からのオーバーフローも凄い。ぬるすぎず熱すぎず、じっくり長時間浸かっていられる絶妙な温度。加温加水はもちろん無し。ほのかな卵臭で飲泉も可能ときたら個人的にどストライクの温泉だ。

はやぶさ温泉は平成6年開業。建設業を営むオーナーが、地元へ恩返しをしたいという思いから、1年をかけ1000メートル以上ボーリングし掘り当てた。湧出量は測定不可とのことだが、浴室のシャワーはもちろん、

館内の蛇口からも源泉が出る。極めつきは温泉をボトリングし飲料水として各地に出荷している（工場が隣にある）というのだから、その湯量が尋常でないことは歴然である。さらに、その泉質の良さから化粧水に加工して販売もしているのだ。

はやぶさ温泉の代表を務める加々美千絵さんは「日々自然の恵みに感謝している」とのこと。食堂で提供する食事は、自家製野菜など地のものを中心に、源泉を使用して調理している。館内や浴室は明るく清潔で、とても居心地が良い。はやぶさ温泉を後にすると「次はまたいつ来られるだろうか」とつい考えてしまう、そんな何度も帰ってきたくなる温泉なのだ。

大浦高晴

内湯は 41 度強の適温。
鮮度のいい湯が気持ちいい。

はやぶさ温泉

泉質　アルカリ性単純温泉
住所　山梨県山梨市牧丘町隼 818-1
電話　0553-35-2611
料金　700 円（2 時間）～

7位　青森県　ハッピィー百沢温泉

神様と入れる⁉
リニューアルした青森屈指のドバドバ温泉

青森屈指の名湯、百沢温泉。昨年、一旦休業していましたが、後継経営者が登場しリニューアルオープン！　後継経営者はお笑いタレントのあべこうじさん。名称も「百沢温泉」から「ハッピィー百沢温泉」とポップに変更。わくわくしながら訪れると、以前の趣は残しつつも、カラフルな装飾が施され、明るい雰囲気に変貌していました！　フロントにはあべこうじさんの湯桶が飾られ、オリジナルグッズコーナーもあり、楽しい雰囲気満載です。気になったのが館内に貼ってあるポスター。キャッチコピーが「神様と入れる温泉」となっています。湯に入って確かめるべく、浴室のドアを開けると、プンと鉄分の香りがします。まず目を引いたのが浴室の天井。以前は無かったカラフルな大きい絵が天井を覆っていて、浴室全体の雰囲気をパァっと明るくしています。印象的な掃除機のヘッドのような湯口や浴槽は、以前のまま。湯口から、ものすごい勢いでドバドバ湯が浴槽に注ぎ込まれている光景は、変わらず圧巻。笹濁り色の少し熱めの

岩木山の四季と笑顔をテーマにした天井画が新たに飾られている。

湯につかると、身体がほくほく、とても温まり、浄化されたような気分になります。

しかし、はて。神様はどこ？　結局分からず、湯上りに管理人のOGAさんにお聞きしたところ、「昔から男湯側の湯に、すっと女神様が入ってこられるとの言い伝えがある」とのこと！　常連客のみなさんはご存知で、「ああ、いま女神様が一緒に入っておられるな」と実感されているそう！　なるほど、それで「神様と入れる」なんですね。でも男湯だけ？　次回は女湯側で、女神様が来るように念じてみようかな!?

鶴見千恵子

ハッピィー百沢温泉

泉質　ナトリウム・マグネシウム・カルシウム–塩化物・炭酸水素塩泉
住所　青森県弘前市百沢寺沢 290-9
電話　0172-88-9321
料金　480 円

休業から復活。名前も頭に「ハッピィー」がつきました。

8位　徳島県　ホテル祖谷温泉

ケーブルカーでミニトリップ、その先の極上ドバ泉

徳島県の奥地にひっそりと佇む秘湯、祖谷温泉は訪れる人々に極上の癒しを提供してくれます。温泉までの独特なアクセス方法や自然に囲まれた絶景、そして泉質の良さから、多くの秘湯マニアに愛されています。

まず、アクセス方法がとてもユニーク。なんと旅館敷地内のケーブルカーに乗っていくのです。7～8分ほどのケーブルカーの旅は、景色も楽しめてグッと気分を盛り上げてくれます。そして到着するのは、まるで隠れ家のような温泉。眼前に広がる壮大な自然のパノラマを楽しみながら、ゆったりと温泉に浸かることができます。

そして祖谷温泉のその泉質。アルカリ性単純硫黄泉で肌に優しく、滑らかな感触が特徴。入浴後は肌が潤い、まるでシルクのような触り心地になります。ぬる湯なので長い時間浸かることができ、かつ体の芯から温まる。リラッ

内湯からも見事な展望が楽しめる。

名物のケーブルカーとパノラマ的風景。

ホテル祖谷温泉

泉質　アルカリ性単純硫黄泉
住所　徳島県三好市池田町松尾松本 367-28
電話　0883-75-2311
料金　1,900 円
宿泊　17,750 円～

クスしたい人や長時間の入浴を楽しみたい人に最適です。なによりも源泉掛け流し、加温、加水なしなのが個人的にはたまりません（加温湯もあり）。温泉に浸かりながら眺める自然の景色は、心を癒してくれる最高の贅沢です。四季折々の風景が広がり、特に秋の紅葉や冬の雪景色は圧巻です。静かな山々や清らかな川の流れを見ながら、自然の美しさに包まれるひとときは、日常の喧騒を忘れさせてくれます。施設自体も昔ながらの造りで情緒にあふれ、まるで昭和にタイムスリップしたかのような感覚を味わえます。木造建築や畳の部屋、そして温泉から見える景色が、一層その雰囲気を引き立てます。ぜひ一度、祖谷温泉のケーブルカーに乗って、あなただけの癒しのひとときを体験してみてください。

加藤勇貴

9位 熊本県 日《ひ》奈《な》久《ぐ》温泉 旅館幸ヶ丘

泊まれない老舗旅館の極上湯

初めて訪れた時の衝撃。なんとも言えないほのかな硫黄の香りと、真っ白な浴室、常にオーバーフローで流れ出ている贅沢なお湯。旅館から異世界に来たような不思議な感覚を覚えている。今や、１００％源泉掛け流しの温泉は、九州内でもいったいいくつ残っているのだろうか。ここ、幸ヶ丘はその貴重な温泉のひとつ。お湯は加水加温なし、循環なし、消毒なし。ポンプで組み上げられた後、配管を通り、そのまま浴槽に流れている。実際の湧出量は３００リットルを超え、恐ろしく透明で鮮度が高い。そのため浴槽のタイルの色がお湯の色のように見えてしまう。泉質は日奈久温泉を代表する、アルカリ性単純温泉。浸かるとトロトロ

ハイカラレトロなこちらの浴室は、女性には残念ながら男湯のみ。

感が強い、美肌の湯である。

旅館ができたのは、昭和中期。もとは民家だったが、家主が敷地内の井戸から湯煙が上がっているのを発見したため、温泉が出ると確信。道楽で掘ってみると、予想通り温泉が吹き出した。それが幸ヶ丘の始まりである。脱衣場と浴室はつながっており、昔ながらで小さめの造りとなっている。浴槽は内湯のひとつのみ。水風呂も露天風呂もない。それが逆に温泉通にとっては興味をそそられる。

旅館であるものの、現在はご主人の意向により宿泊はできない。日帰り入浴のみの少し変わった温泉旅館である。なお、男湯、女湯、家族湯がある。

吉村純平

元旅館ならではの立派な玄関。

日奈久温泉 旅館幸ヶ丘

泉質　アルカリ性単純温泉
住所　熊本県八代市日奈久
　　　上西町 394
電話　0965-38-3016
料金　500 円

10位 鹿児島県 硫黄谷温泉 霧島ホテル

圧倒的な源泉掛け流しに思わず胸アツになる！

昭和初期に宿泊した与謝野鉄幹・晶子夫妻にちなんで名付けられた、鉄幹の湯。

檜香る檜風呂もある。

温泉レジャーランド？　ひなびてなくても中毒性たけーぞぉ〜！

まず、このホテルに泊まりたいと言った友達に感謝したい。自分に決定権があったら、ひなびた宿にしていたし、もっと言えば、鹿児島入りしてからも霧島温泉郷に入るまではドンヨリしていた。

ところが、霧島温泉郷に差し掛かると霧が濃くなり始め、硫黄の匂いの煙、行き交う人の賑わいに、急にワクワクしてきたのだ。そこから1・5㎞ほど走ると、霧島ホテルの入口に着く。少し行くと、湯気を立てて流れ落ちる川が現れ、霧と相まって何とも絶景である。

ホテルに着き、期待は低いながらも早速温泉へ。まず男女別の内湯で、扉を開けると硫黄泉、明礬泉、鉄泉、塩類泉の浴槽が近代的な造りで並ぶ。「あー、やっぱり」と思ったが入ってみると、明礬泉のハーブの匂いにKOされたのを始めに、それぞれ気持ち良い。

次に扉を開けると、混浴の大庭園風呂。4種の泉質プラスここは趣向を凝らしていて、木の幹をくり抜いた浴槽の長寿風呂、岩風呂、檜風呂、打たせ湯、硫黄薫る寝湯。個人的にはこの寝湯で、プハーとなった。そして大浴場。「天下の名泉」と書かれた看板下の四角柱の桶から、ドドドーと源泉が放出されている。間近で見ると圧巻である。源泉は温泉で使われた後は敷地内の川へ流され、来るときに見た光景になる。最後は、男女別の露天風呂。硫黄の匂いと霧島の外気の気持ちよさで。一度入ると出たくなくなる。

初めてだ。大型温泉施設でまた来たいと思ったのは。豊富な源泉量と、一度では味わい尽くせない温泉と、霧島の神秘的な雰囲気。

ひなびてなくても中毒性は高い。末湯の人、是非おすすめします。

飛田浩

硫黄谷温泉 霧島ホテル

泉質　ナトリウム、カルシウム、マグネシウム、アルミニウム、鉄など
住所　鹿児島県霧島市牧園町高千穂3948
電話　0995-78-2121
料金　1,200円
宿泊　15,000円〜

北海道

なまらハゲしいぞ！
北の国のドバドバは！

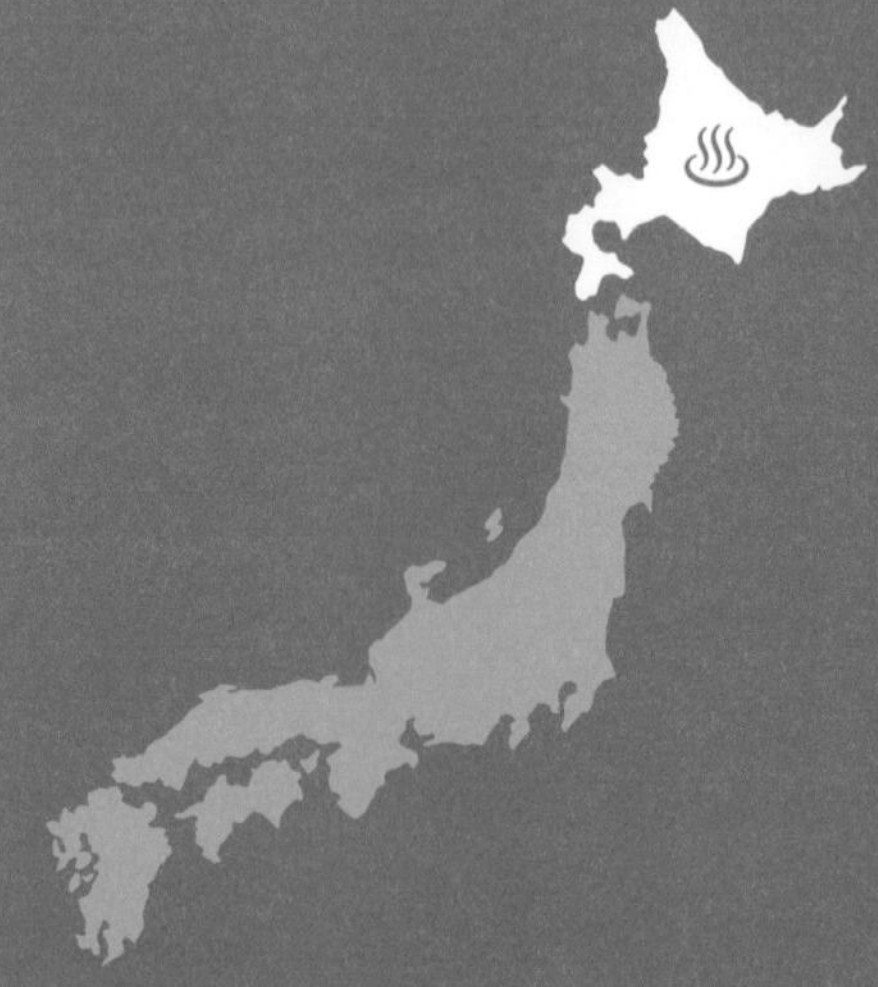

上ノ国町国民温泉保養センター（湯《ゆ》ノ《の》岱《たい》温泉）

北海道の炭酸泉といえばここがナンバーワンかも。浴室に足を踏み入れるとそこは赤茶色の世界。打たせ湯と35度、38度、42度の3種類の浴槽があり、浴槽からあふれ出る温泉の成分により床は千枚田状態になっています。析出物が創り出す天然の芸術にマニアも大満足。足裏を怪我しないように温度の異なる浴槽と打たせ湯を行ったり来たり、気がつけば無限ループに陥ってしまいます。奥の小さな源泉35度浴槽は強力バブルマシンとの併用で泡付き感覚も半端なく、有効なガス成分も皮膚から効果的に吸収すること間違いなしです。

三井利洋

極上炭酸泉があふれ出す
北海道屈指のシュワシュワ湯！

上ノ国町国民温泉保養センター（湯ノ岱温泉）

泉質　含二酸化炭素–ナトリウム・カルシウム–
　　　塩化物温泉（低張性中性温泉）※１号井の泉質
住所　北海道檜山郡上ノ国町字湯ノ岱 517-5
電話　0139-56-3147
料金　350 円

古めかしい入り口がいい味出している。

手前は源泉槽、奥は加温湯。

緑に囲まれた
混浴半露天風呂。

ドバドバっとコーラのようなモール泉
ヌルトロ浴感が虜になるわぁ

オーロラ温泉

標茶町、山の中にポツンと一軒佇む湯処。受付で施設内の説明を受け、少し先に見えてくる3つの建物。混浴露天風呂、女湯(内湯・露天風呂)、男湯(内湯・露天風呂)、ペットの湯。木造のひなびた佇まいの混浴露天風呂は、脱衣場の扉を開けると大きな湯船に黒々としたモール泉が源泉掛け流しでドバドバ注がれている。程よい湯の温度、ヌルヌルした泉質、眼の前に広がる自然の恵みを感じながら「無心」になり、贅沢な時を過ごせる湯処。北海道内、この湯に勝るモール泉にはまだ出会っていない。

竹本由香里

ドーム型の受付。温泉はさらに先にある。

オーロラ温泉

泉質　アルカリ性単純温泉
住所　北海道川上郡標茶町栄 219-1
(オーローラファームヴィレッジ内)
電話　015-488-4588
料金　500 円

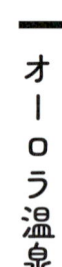

山の宿 野中温泉

野中温泉は、阿寒湖畔からエゾ松の原生林の道をオンネトー方面に向かったところにある一軒宿だ。宿に近づくと硫黄泉のなんとも心地よい香りが漂う。

内湯は釘を1本も使わない総トドマツ造りの湯船に、硫黄泉のお湯がドバドバと注がれている。木の優しい香りと温泉の湯気に包まれ、身も心も魂も癒される。

また手作りの露天風呂では、大自然との一体感を味わえる。雌阿寒岳の登山口にもほど近く、険しい山登りのあと恵みのお湯に浸るのは、まさにこの世の極楽である。

今西直美

看板には肉球マーク。かわいい猫ちゃん達がまどろんでいて癒してくれる。

雌阿寒岳の山懐で、
こんこんと湧く静寂の秘湯に
この世の極楽を見た！

山の宿 野中温泉

泉質 塩化物泉（硫黄泉 硫化水素型）
住所 北海道足寄郡足寄町茂足寄 159
電話 0156-29-7321
料金 500 円
宿泊 8,000 円～

滝がまるごと温泉！
知床の大自然に抱かれて
「神の水」と戯れよう

なんという贅沢な眺めなんだろう。

カムイワッカ湯の滝

知床の大自然に抱かれたカムイワッカ川では、滝のように温泉が流れる。カムイワッカとはアイヌ語で「神の水」。夏場に限り入場可能で、湯の滝登りができる。最終地点までは約４００メートル、高低差は約80メートル、片道15～30分程度を要する。お湯の温度は約25度～38度、Ph値1・6程度の強酸性。湯の滝登りには公式サイトからの予約が必須で、適切な服装やシューズの準備も必要。水しぶきを浴びながら、いくつもの滝を乗り越えて歩いたり、滝つぼに入ってぷかぷかと浮かんだり。滝がまるごと温泉って、めっちゃ楽しいですよ。

平泉真理

カムイワッカ湯の滝

泉質　酸性硫酸塩泉
住所　北海道斜里郡斜里町遠音別村
電話　0152-22-2125（知床斜里町観光協会）
料金　大人 2,200 円～／子供 550 円～
※ツアーにより異なるので要確認。予約必須

東北

やはり東北は
ドバドバの宝庫だった！

嶽《だけ》温泉 赤格子館

入り口にひっそり「赤格子館」とあるだけなので、ずいぶん探した末、郵便局のある建物だとわかった。白濁した硫黄泉はいくつも経験があるが、これほどにドバドバ注がれ、惜しげもなくオーバーフローし、床を白くする湯はほかにあるだろうか。ちょうど良い温度、体を覆う白い湯に心からまったりする。漂う白いクレイを手にすくい、身体にまとわせたり、顔にまとわせたりすれば、どんな美容も敵わないだろう。霊峰お岩木山から湧く湯は、神様からの贈り物だ。

宮尾美徳

湯口に雪が積もるように析出物が。

郵便局が併設された珍しい温泉旅館だ。

白濁極上湯がポリバスに
ドバドバのインパクト！

嶽温泉 赤格子館

泉質　酸性・含硫黄–カルシウム–塩化物泉
住所　青森県弘前市常盤野字湯の沢 21
電話　0172-83-2734
料金　350 円

浴槽のサイズと源泉投入量のバランスが素晴らしい。

嶽温泉 田澤旅館

泉質　酸性・含硫黄–カルシウム–塩化物温泉
住所　青森県弘前市大字常盤野字湯の沢 10
電話　0172-83-2752
料金　400 円
宿泊　7,000 円〜

嶽《だけ》温泉 田澤旅館

嶽温泉といえば青森県のひなびた温泉地。その中でも田澤旅館さんがぼくは大好きです。温泉地に入るとさっそくゆで卵のような匂い……がしてきます。源泉は硫黄臭に加えて油臭と金属の味がします。お湯から出た後も湯冷めしないいい湯です。

浴室は、男女別の浴室からその先に混浴の大きめの浴槽があり、そこに温泉が上から降り注ぐようになっています。前回行ったときには混浴槽にお湯は張られていませんでしたが、男女別の浴槽には充分な量の源泉がドバドバと注がれていました。

藤牧朗

男女別の湯船にもドボドボと源泉が。

混浴風呂はドボボボボボーッと打たせ湯で源泉投入。

天から温泉が降ってくる?
この独特な浴室がたまりませんねぇ

湯段温泉 新栄館

普段から無人のようで、シンとした館内に少し不安になるが、障子に書かれた温かいお出迎えの言葉にホッとし浴室へ向かう。パイプからドボドボ注ぐ源泉と、コッテリと析出物に覆われた床に心が躍る。ひとりでドボンと湯をあふれさせ、うっとりとするのに最適なサイズの浴槽だ。ツルツルした浴感を楽しんでいると、程なくしてプチプチと気泡がまとわりついてくる。口に含めば、金属味と薄い塩味の中に炭酸も感じられて嬉しい。もし同士と居合わせたら、ゆずり合って、極上のドバドバ空間を満喫しよう。

野城聡志

呼んでも誰も出てきません。無人の施設ですから。

湯段温泉 新栄館

泉質　ナトリウム・マグネシウム・カルシウム–塩化物・炭酸水素塩泉
住所　青森県弘前市常盤野湯段萢 14
電話　0172-83-2883
料金　250 円

「民家？」な佇まいの先にひそむ
ミニマル・ドバドバ空間！

ひなび感満載のこぢんまりとした浴室が居心地いいなぁ。

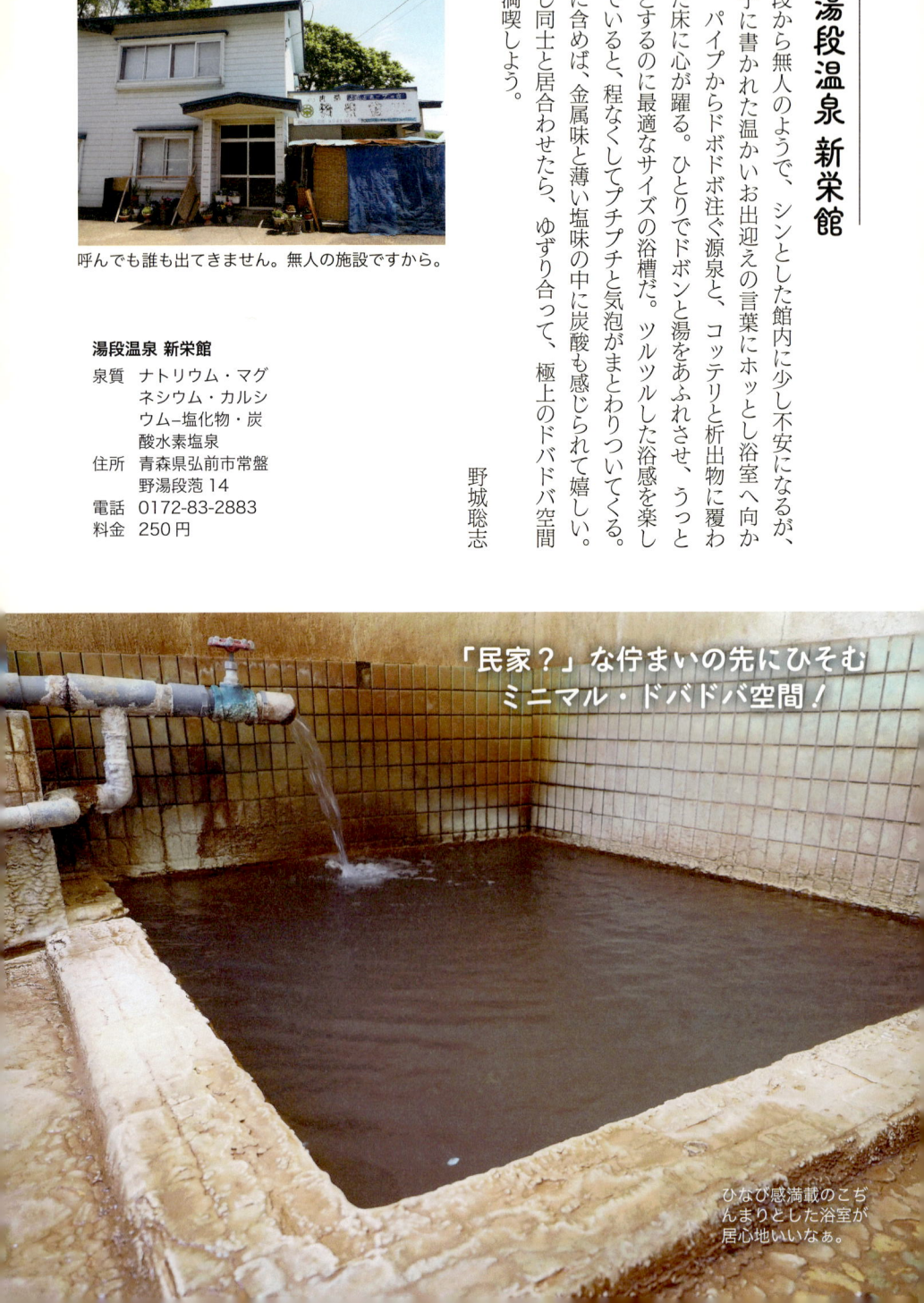

窓の外から突っ込まれた
塩ビパイプから
アワアワヌルヌル湯が
ドボドボと

温泉マニアが絶賛する湯。
青森一の泉質という声もあり。

新岡温泉

岩木山の麓、りんご畑に囲まれた長閑な農村地帯。新岡温泉に行ったと言えば「おかあさん、元気だった?」と聞く古くからのファンも多いでしょう。外からひょこっと顔をのぞかせる塩ビパイプでザバザバと注ぎ込まれる湯は、うっすら琥珀色のモール泉で、石油臭と硫黄臭の混ざった香りがふわっと鼻をくすぐります。滔々とかけ流される温泉はヌルヌルとろとろした浴感で細かな気泡が肌を包み込み、湯上がりしっとりツルツルすべすべ極上の肌になります。湯冷めしにくく芯まで温まると評判の温泉です。

藤川亜子

ヌルトロの浴感がたまりません!

外観も、ほら、ひなびてますね〜。

新岡温泉

泉質　炭酸水素塩泉(ナトリウム–塩化物・炭酸水素塩泉)
住所　青森県弘前市新岡字萩流 161-12
電話　0172-82-4521
料金　400 円

あたご温泉

あたご温泉は、りんご畑を見下ろす高みにある。この日は、近郷のりんご農家さんと思しき人たちが入浴していた。体育館のように広い浴室には、やや熱めの湯と水風呂があって、地元の人たちはそのふたつを交互に何度も繰り返している。共に源泉掛け流し、音をたてのフルスロットルドバドバ具合に驚いた。だからここまで大きな浴槽が可能なのだろう。茶色い湯に浸かり、水風呂にもトライ。帰路、青葉のりんご畑で雄雌の雉を見た。りんごが実る頃にまた来よう。

宮尾美徳

掃除機みたいな独特な湯口からドバドバと。

あたご温泉

泉質　ナトリウム–塩化物・炭酸水素塩泉
（低張性弱アルカリ性高温泉）
住所　青森県弘前市愛宕字山下 127-25
電話　0172-82-5885
料金　400 円

交互浴の無限ループで
楽しむドバドバ温泉

手前が 44 度の源泉掛け流し。奥が 27 度の水風呂。

やみつきになるようなトロトロの浴感がたまらない。

たらポッキ温泉

地元の食品会社が温泉を掘り当て、当時の看板商品の名前をつけたのがこの、たらポッキ温泉。おつまみのチータラのようなものだそうだが、残念ながら既に生産中止となり、今やこの温泉だけが「たらポッキ」の名残というわけ。老若男女で賑わっており、長く愛されてきた温泉であることが伝わってくる。中央の四角い台座のような湯口から、淡黄色で塩味を感じる熱い湯がザーザーととめどなくあふれ出し、オーバーフローも壮観だ。地元の方々と一緒に浸かれば、身も心も〝ぬぐだまる〟に違いない。

野城聡志

たらポッキ温泉

泉質　ナトリウム–塩化物・
　　　炭酸水素塩泉
住所　青森県青森市鶴ケ坂田
　　　川 88-1
電話　017-788-1347
料金　450 円

＊2024年12月現在休業中。復活を待っています！

時の流れが止まった湯屋、八甲温泉

さすがラジウム。せめてくる感じの力強い湯だ。

八甲ラヂウム温泉

県道沿いのドライブインに併設された銭湯温泉。湯屋は感動的なほどひなびていて、味わいがあります。黒い透明のモールの湯は熱め(44・5度)で鉄臭い香りがします。湯ざわりはツルヌルでよく温まります。ラジウム成分が含まれていて鎮静効果もあるらしいです。

私が受付でうろうろしていると女将さんから「初めてですか～?」。私「えーと、確か12年前に一度来ました」。女将さん「何も変わってませーん」。はい、料金も200円のままですしね。12年後もずっと変わらず素敵なままでありますように。

森泰成

八甲ラヂウム温泉

泉質　アルカリ性単純温泉
住所　青森県上北郡東北町
　　　上野北谷地 39-186
電話　0176-56-2364
料金　200 円

民宿梅沢温泉

田園に囲まれた集落の一角にある温泉民宿。女将さんが地下５００メートルから掘削に成功した約48度の食塩泉が勢いよく掛け流されている。ツルヌル感が身体を覆う熱めの湯はインパクト抜群。火傷などが治りやすいといい、療養泉としての評判も高い。カランからも源泉が注がれてくる。湯が黒く見えるのは、こげ茶色の湯花が多量に舞っているから。牛の置物がある湯口の蓋を開けると給湯量を調節できる。

浴室前のトレーにある紙に入浴者名を書き、その紙の上に入浴料２００円を置いて入るというセルフシステム。津軽弁が飛び交う浴室は、まさに地域の社交場と言ってよい。

本間宏

民宿梅沢温泉

泉質　ナトリウム–塩化物温泉
住所　青森県北津軽郡鶴田町大字横萢字松倉 51
電話　0173-28-3150
料金　200 円
宿泊　要相談（素泊りのみ、部屋鍵なし）

地元民に愛される滑らかな湯は、
知る人ぞ知る療養泉

熱々の療養泉が効くんだなぁ。

「よく来たねしぃ～」の看板がお出迎え アットホームな湯治宿

鉄パイプからドバドバ！
この無骨さが味わい深い。

みちのく深沢温泉

「よく来たねしぃ～」。おばあちゃんちに来たような、土間には剥製が置いてあり、あぁ～田舎ってこんなふうだよね、ってノスタルジーに浸れる。廊下を進めば、昔ながらの銭湯の雰囲気を残す脱衣所。浴室から聞こえるザバザバ音に期待が高まり、いざ浴室へ。鼻孔をくすぐる鉄の匂い。はぁ～っと深呼吸してざぶんと肩まで浸かり、ひとしきり内湯を楽しんだ後は露天へ。ダケカンバとブナに囲まれた八甲田山の大自然。新緑や紅葉、雪……四季折々の景色を背景に最高の舞台が整っている。

藤川亜子

みちのく深沢温泉

泉質　ナトリウム・カルシウム・硫酸塩泉
住所　青森県青森市大字駒込字深沢 650
電話　017-738-1464
料金　500 円
宿泊　素泊まり 3,500 円～

温泉施設というより民家そのもの。親戚の家のお風呂にでも入りに行くようだ。

森田温泉

建物も館内も温泉というより民家そのものだ。浴室も湯船もお世辞にも広いとは言えないが、お湯は温泉通をも唸らせる。狭い浴室内にはボッコボッコとお湯の音が響き渡る。お湯の投入量は半端でない。お湯の投入口付近は湯面がお湯で盛り上がる。カランのお湯もなぜか出っ放しである。誰もいなければトド寝もできそうだ。お湯は鉄泉&炭酸泉だ。口に含んだらいい感じの出汁味だった。リゾートしらかみも停車するJR五能線陸奥森田駅から徒歩3分。津軽まで来たら是非立ち寄ってみて欲しい。

広野隆司

森田温泉

泉質　ナトリウム–塩化物・炭酸水素塩温泉（低張性中性高温泉）
住所　青森県つがる市森田町森田月見野 110-2
電話　0173-26-2211
料金　350 円

津軽のドバドバ・アワアワ温泉 建物も館内も昭和ムード満点！

鉄分のせいかレトロタイルの床も湯船も茶褐色に変色している。ひなび感も半端でない。

打たせ湯で投入される
この豪快さにシビれよ！

永岡温泉 夢の湯

「ドドドっドドドっドドドっ」

浴室の扉を開けると聞こえてくる。高い位置から惜しげもなくお湯が注がれている音である。毎分720リットルもの豊富な湯量を誇り、加温なし、加水なし、循環なし、43度で湧き出る源泉掛け流し。温泉好きにはたまらない。この地に温泉の湧出を夢に見た創業者によって掘り起こされた、まさに夢の湯である。

朝早くから入浴客が訪れる、地元からも愛されている温泉。皆さんもドバドバあふれる至福のお湯を是非満喫してほしい。

石川洋光

永岡温泉　夢の湯

泉質　ナトリウム–塩化物泉
住所　岩手県胆沢郡金ケ崎町
　　　永沢石持沢 6-284
電話　0197-44-3420
料金　600 円
宿泊　1 泊 2 食付き 8,700 円～

国見温泉 石塚旅館

秋田駒ヶ岳の登山口の脇に建つ、可愛い木造洋風の山小屋風建屋が目を引く石塚旅館。帳場で受付を済ませて内湯へ行くと、小さな湯船に静かにエメラルドグリーンに輝く湯が注がれていて、その美しさに思わず息を飲む。床に堆積した析出物が泉質の濃さを物語っているようである。内湯のドアから露天風呂へと出ると、日射しを受けてさらに美しく輝く湯がドバドバ注がれていて、感動もマックスに達する。刺激的な湯触り、香りは硫化水素臭だけで無くアブラ臭も感じる。まさに絶品湯だ。

今中宏明

石塚旅館

国見温泉 石塚旅館

泉質　含硫黄–ナトリウム–炭酸水素塩泉（低張性中性高温泉）
住所　岩手県岩手郡雫石町橋場字竜川山 1-5
電話　019-692-3355（転送電話）
料金　700 円
宿泊　1 泊 2 食付き 14,780 円～

湯船をドバドバと満たす
エメラルドグリーンの
絶品湯

なまはげさん、
気前よくドバドバと
ありがとう！

温泉成分でこってりコーティングされた湯船にテンション上がる！

男鹿温泉 元湯雄山閣

男鹿温泉街の入口に建つ瀟洒な和風旅館。浴室の扉を開けるなり、なまはげの口から勢いよく源泉が噴き出されている光景に驚く。「なまはげ」という男鹿の地域特性を生かしつつ、ユニークな「源泉噴き流し」を実現しているのがうれしい。

石灰質の湯花を多量に含む源泉成分で湯船の縁が盛り上がり、棚田が形成されている。温泉好きにはたまらない光景。湯に身を沈めると、沈殿していた湯花が気持ちよく舞い上がる。パイプ内で湯花が年輪状に固結したものや、湯船に固着した湯花が自重で落下した珍品などの展示品は必見。湯船の全周に棚田模様が形成された露天風呂も見事。

本間宏

男鹿温泉 元湯雄山閣

泉質　ナトリウム–塩化物温泉
住所　秋田県男鹿市北浦湯本字草木原 52
電話　0185-33-3121
料金　800 円（要事前問合わせ）
宿泊　18,700 円～

川原毛大湯滝

温浴施設ではなく、いわゆる野湯である（要水着着用）。しかし、よく整備されており天気が良ければ爽快で楽しい。源泉は川の水と混ざって20メートルもの滝になって落ちてくる。当然ながらドバドバである。自然のままなので、夏は適温だがそれ以外はちょっと厳しい（適温時期：7月上旬〜9月中旬）。源泉は酸性が強いので飛沫が目に入ると痛い。ぜひゴーグル持参で満喫してほしい。運が良ければ川原毛地獄でババヘラアイス（おばさんがヘラでよそってくれる昭和テイストのアイスキャンディ）にありつけるかも。

小嶋清一郎

落差 20 メートルの温泉ってスゴすぎます……!?

川原毛大湯滝

泉質　強酸性–含二酸化炭素・鉄 II –塩化物泉
住所　秋田県湯沢市高松大檜内山
電話　0183-55-8180（湯沢市観光振興班）
料金　無料
※冬季閉鎖期間あり

ドバドバどころじゃない？
滝が温泉なんだから！

八九郎温泉

だってねぇ、のどかな田園風景の中にビニールハウスがポツンと建っている。な～んも珍しくない風景なわけだけど、実はそのビニールハウスの中にまさかの温泉があるっていうんだから。しかも中へ入ってみると、なんとドバドバ温泉（しかもシュワッシュワ！）だったりするんですから。

まさに驚きの二連発というわけで。

湯船に浸かってみると豪快に気持ちよく湯があふれて、鮮度抜群の湯が感動的に気持ちいい。たまらないなぁ。

ビニールハウスの中のドバドバ温泉。格別な入浴体験にもなりますよ。

岩本薫

こ、ここに温泉があるんですか！？

八九郎温泉

泉質　カルシウム・ナトリウム−塩化物・炭酸水素塩･硫酸塩泉（低張性・中性・温泉）
住所　秋田県鹿角郡小坂町
電話　なし
料金　寸志

まさか？　なんと！
きっとあなたは
八九郎温泉に
２回驚くだろう

想定外のシュワッシュワの
極上湯に感動！

名物若女将は湯守
時空を超えた
700 年の癒しの空間

白布温泉 西屋

泉質　カルシウム–硫酸塩温泉
住所　山形県米沢市大字関 1527
電話　0238-55-2480
料金　700 円
　　　（シャワー・カランなし）
宿泊　11,000 円〜

白《しら》布《ぶ》温泉 西屋

白猿が住むという福島県境に近い米沢市の山深い白布温泉にその湯はある。先代の番頭さんから受け継いで十数年、晴雨風雪関係なく裏山で源泉の調整と管理を行う若女将。湯量は毎分1500リットル。湯滝に打たれるもよし、黄金の湯花が舞う数百年の時を経て黒変した御影石の湯船でくつろぐもよし。湯滝の絶え間ない轟音と廊下まで流れる源泉の囁きに想いを馳せるもまたよし。

西屋さんは築数百年の茅葺お宿。建物内は言うに及ばず、建物外や駐車場においても喫煙は厳禁。白布温泉火災から生き残った西屋さんを次世代へと守り受け継いでいかねばならない。

志甫浩之

湯滝の激しいドボドボ音に興奮！

西屋シンボル、３本の湯滝！

ザバザバと湯船から溢れる湯！

臥《が》龍《りゅう》温泉 青田健康ランド

蔵王の麓、国道13号沿いに突如現れる「青田健康ランド」の看板。天然温泉とは思えぬネーミングだが、浴場に入ればその妙なネーミングの期待を（良い意味で）裏切る、素晴らしいあつ湯が私たちを出迎えてくれる。

刺すような熱さに耐え、首までお湯に浸かると、お湯の柔らかさと細かい泡付きの心地よさに健康ランドの真髄を見た。耐えきれず、ひいひい言いながら私が脱衣所で涼んでいると、「今日はなんぼか熱くないにゃあ」と、常連さんたちは涼しい顔で上がってきた。恐るべし、健康ランド。

和田愛理

臥龍温泉 青田健康ランド

泉質　ナトリウム–硫酸塩温泉
住所　山形県山形市青田 5-15-6
電話　023-631-5473
料金　400 円

アツアツな源泉をドバドバ掛け流し
贅沢すぎる健康ランドで
心も身体もリフレッシュ

だんだんと、この熱い湯の虜になっていく。

姥湯温泉 枡形屋

酷道の果てに姥湯温泉はあった。山師をしていた初代に山姥が源泉を教えたという野趣あふれる縁起も頷ける立地である。ほのかな硫黄と鉄の匂いのする白濁した湯は、加温、加水なしの源泉掛け流し。豊富にあふれ出す51度の源泉が、適温となって湯船を満たす。pH2・6という酸性でありながらやさしい肌触りで、湯上り後も穏やかな温もりが続く。

GW明けからの営業となる雪深い場所で湯を守り続ける宿の方にも頭が下がるが、ここまで来る入浴客も覚悟が試される。山道を踏破する甲斐のある素晴らしい湯だ。

三澤達世

姥湯温泉 枡形屋

泉質　酸性・含硫黄・鉄Ⅱ–単純温泉
（低張性酸性高温泉）
住所　山形県米沢市大沢姥湯 1
電話　090-7797-5934
料金　700 円
宿泊　15,500 円〜

胸を突くような山道の果て、
デザートのように
極上の湯をいただく
ワイルドなドバドバ
温泉を堪能すべし！

東鳴子温泉 馬場温泉共同浴場

個性的な泉質の温泉が集まる東鳴子温泉郷の中でも、一際パンチが効いているのがこちら。旅館の離れとしてポツンと小さな湯小屋がある。石造りの湯口からドボーッと、油やゴムとも評される独特の芳香を放つ45度オーバーの黒湯が掛け流される。気泡が舞う湯船は、さながら煮立った鍋のようだ。

何度もかけ湯をし覚悟を決めて入ると、体はみるみる泡に覆われ、ビシビシと新鮮な湯が染み渡り、しばし恍惚とする。茹だった体を床に横たえて放心する頃、あなたはもう、この湯の虜になっているはずだ。

野城聡志

馬場温泉旅館の敷地内にある湯小屋。

熱々のアワアワシュワシュワ泉は珍しい。

激アツのアワアワ黒湯に
ノックアウト!

東鳴子温泉 馬場温泉共同浴場

泉質　ナトリウム–炭酸水素塩泉
住所　宮城県大崎市鳴子温泉字馬場 102
電話　0229-83-3378
料金　300 円（料金は馬場温泉旅館本館で支払う）

ドバドバなんてもんじゃない
滝壺が露天風呂ですぞ！

吹上温泉 峯雲閣

吹上温泉 峯雲閣は湯滝で有名だ。吹上地獄から湧き出る90度超の源泉が川に流れ込むため、6月から10月頃まで滝壺が天然の露天風呂となる。天候により湯温が左右されるため、事前に電話で確認するのが確実だ。

筆者が入浴した日は、前日の雷雨でプールのような温度だった。お湯は濁っているし、流れてきた小枝や葉っぱが身体に引っ掛かり快適とは言えなかったが、豪快な気分が味わえるのはここならではである。ワイルドだが湯滝は旅館から直結のため、アクセスが悪くないのもいい。

広野隆司

JR 鳴子温泉駅から車で 20 分。湯滝ばかりが有名だが、昭和レトロな旅館の建物も味があってグッド。

吹上温泉 峯雲閣

泉質　単純温泉（弱アルカリ性）
住所　宮城県大崎市鳴子温泉鬼首吹上 16
電話　0229-86-2243
料金　500 円

入浴可能時間は 10:00 ～ 13:00 のため注意が必要。川沿いの混浴露天風呂も景色が良くておすすめ。

微温湯《ぬるゆ》温泉 旅館二階堂

福島県吾妻連峰の中腹、標高９２０メートルの場所に位置する一軒宿。車でのアクセスが可能。２００年以上の歴史を有する昔ながらの湯治宿だ。最も古い棟は明治時代の建築物で、文化財の指定を受けている。男女別の浴室には源泉掛け流し浴槽と加温浴槽があり、交互浴が可能。源泉浴槽には泉温32度のぬる湯がドバドバと絶え間なく投入され、常にオーバーフローが見られる。泉質は珍しい含アルミニウム泉。ノスタルジックな雰囲気のなか、昔ながらの湯治スタイルで極上のぬる湯を楽しめる。

平泉真理

昔ながらの佇まいに湯治気分が盛り上がる。

微温湯温泉 旅館二階堂

泉質 酸性−含鉄（II, III）−アルミニウム−硫酸塩泉
住所 福島県福島市桜本温湯 11
電話 024-591-3173
（冬季休業中は 024-591-3606）
料金 700 円（2023 年時）
宿泊 素泊まり 4,585 円〜

江戸時代から続く山奥の秘湯で極上のぬる湯に沈没する

いつまでも浸かっていられる、このぬる湯がいいんだなぁ。

歴史が紡ぐ、豪快かつ野趣あふれる巨大浴槽

1年半かけて掘られた洞窟風呂がここの名物！

3箇所の湯口からなみなみと源泉が注がれている。

奥土湯温泉 川上温泉

秘湯、奥土湯温泉の一軒宿「川上温泉」。400年以上の歴史を持つ老舗旅館だ。メインの半天岩窟風呂、立湯万人風呂は、いずれも10人以上が余裕で入れる巨大浴槽。これらを難なく満たしてしまうお湯は6つの自家源泉。しかも全てを使用しているわけではないというのだから驚きだ。

湯口からドバドバと注がれ、浴槽からザバザバと流れ去っていくお湯にニンマリ。大量の湯花が舞う貸切風呂もあるので、宿泊して館内湯巡りを楽しむのがオススメだ。ぜひ野趣あふれる温泉を余すことなく堪能してほしい。

大浦高晴

奥土湯温泉 川上温泉

泉質　単純温泉
住所　福島県福島市土湯温泉町川上7
電話　024-595-2136
料金　800円
宿泊　14,300円～

お食事 温泉処 いやさか

食事の直前・直後の入浴は体によくない。かもしれないが、ここではそんなことは言っていられない。揚げ物のうまい食事処から、宇宙空間のような通路で50メートルほどワープすれば、そこはもう温泉。揚げ物を消化している時間はないのだ。

小さな浴室にドバドバとお湯の音が響く。そしてその湯口には、ライオンだの竜だのといったムダな飾りはいっさいない。ただの塩ビのパイプである。しかしそこからあふれ出るお湯は本物だ。浸かると体が黄色く見え、ほんのりと油臭がする。にゅるにゅるすべすべの名湯である。

根橋誠

何気に近未来的？　温泉へと至る通路。

お食事
温泉処
いやさか
人気のお食事処でもある。

ファミレスの通路を抜けると、
そこは温泉だった

お食事 温泉処 いやさか

泉質　アルカリ性単純温泉
住所　福島県西白河郡矢吹町文京町 197-1
電話　0248-44-3233
料金　大人 450 円（食事をした方は無料）

塩ビパイプからドボドボと源泉ダブル放出。

25 メートルプールが 45 分で満タンになるという湯量！

川に浸かる野趣あふれるワイルド温泉だ！

沼尻温泉元湯 エクストリーム温泉

登山道を１時間弱登れば、そこは別天地。広い谷となっている源泉地帯を、源泉がものすごい勢いで駆け巡る。毎分１３４００リットルという脅威の湧出量は、単一口の自然湧出量では日本一だ。

湯樋に沿って谷を下り、深さや温度を確かめながらベスト入浴スポットを見つけたら、いざ入浴。壮大すぎる山に囲まれ、修験者よろしく、押し流されそうな勢いの源泉に頭から打たれれば、日頃の悩みと疲れが吹き飛び、代わりに大自然のエネルギーが全身に満ちるのが分かる。大自然のエネルギー急速充電スポット。

和田愛理

湯樋に沿って谷を下っていく。

湧出量日本一は伊達じゃない！
ほぼ川のドバドバ野湯に
身を任せて楽しむ非日常

沼尻温泉元湯 エクストリーム温泉

泉質　酸性・含硫黄–カルシウム・アルミニウム–硫酸塩・塩化物泉
住所　福島県耶麻郡猪苗代町大字蚕養字沼尻山甲 2864（cafe&activity nowhere）
電話　0242-93-7081
料金　ガイドツアー 24,200 円 / 人〜（人数が増えるごとに安くなる）

月光温泉 大浴場

「月光温泉 大浴場」といっても、それを示す看板などは何もない。あるのは「営業中」の表示だけ。いったい何を営業しているというのか。さらに「大浴場」とはいっても5、6人も入ればいっぱいの看板倒れ（ないけど）。

しかし、湯船からあふれ出した温泉が、フレッシュグリーンのタイルの上を流れゆくさまはきらきらと美しい。お湯は弱アルカリ性のぬるつる温泉で、ほんのり油臭がある。氷点下の冬でも汗が止まらないほど温まるが、暑いからといって脱衣所のドアを開けるとそこは大通りなので注意しよう。

根橋誠

一見、場末のスナックのような……。

月光温泉 大浴場

泉質　ナトリウム–硫酸塩・塩化物泉
住所　福島県郡山市安積町笹川四角坦 62-1
電話　024-945-9882
料金　400 円（月光温泉クアハイム宿泊の方は無料）

倒れる看板はなくても、
入れば納得の美しい温泉

熱い湯がザバザバとあふれている光景は圧巻。

壁に湯小屋改修工事の寄付者の名札が並んでいて、この温泉が大切にされていることがうかがえる。

八町温泉 亀の湯共同浴場

国道から少し降りたところにあるので、目指して行かなければ見逃してしまう亀の湯共同浴場。扉を開けると左右にはカーテンで仕切られた簡素な男女別の脱衣所、中央に浴槽がどぉーんとひとつ。つまり混浴。先客がいると女子には少しハードル高めな昔ながらの共同浴場です。

床は赤茶色に変色し、石組みの上に木造りの湯小屋の風情は控え目に言って「サイコー!」。野尻川を挟んだ対岸の玉梨温泉のパイプと亀の湯源泉のパイプが2本浴槽に勢いよく注ぎ込まれ、鮮度の高い上質な温泉が味わえます。

藤川亜子

木造の素朴な湯小屋にキュンとする。

八町温泉 亀の湯共同浴場

泉質　ナトリウム・炭酸水素塩・塩化物・硫酸塩温泉
住所　福島県大沼郡金山町大字八町字居平 619
電話　0241-42-7211
（金山町観光物産協会）
料金　300 円以上（協力金）

関東

関東だってあっちでドバドバ、
こっちでドバドバ！

霧積温泉 金湯館

ＪＲ横川駅から細い山道を走ること30分。正にポツンと一軒家の秘境宿だ。かつては温泉地・別荘地として栄えたが、明治の山津波で壊滅的な被害を受け、金湯館だけ残ったという。その佇まいは、明治時代から時間が止まったままだ。『日本百ひな泉』第7位は伊達じゃない。周りには何もなく温泉に入るくらいしかすることはないが、その温泉が素晴らしい。お湯は炭酸泉だ。約40度のぬる湯だが身体の芯からポカポカになる。是非泊まりで行って一日ゆっくり過ごしてみて欲しい。ひな泉好きにはたまらないはずだ。

広野隆司

伊藤博文らがここで明治憲法を草案したほか、明治の政治家、文化人が多く訪れたという。

霧積温泉 金湯館

泉質　カルシウム硫酸塩温泉
住所　群馬県安中市松井田町坂本1928
電話　027-395-3851
料金　700円
宿泊　1泊2食付き12,650円～

毎分300リットルの湯量を誇る。内湯のみであるが、あふれ出るお湯の量は贅沢そのもの。

人里離れた感は半端でない
ひな泉好きにはたまらない温泉だ

これが伊香保の真骨頂！
圧倒的湯量の老舗旅館

伊香保温泉 千明仁泉亭
泉質 カルシウム・ナトリウム–硫酸塩・炭酸水素塩・塩化物泉
住所 群馬県渋川市伊香保町伊香保 45
電話 0279-72-3355
※日帰り入浴不可

伊香保温泉 千《ち》明《ぎら》仁《じん》泉《せん》亭《てい》

伊香保に温泉宿は数あれど、源泉「黄金の湯」を千明仁泉亭ほど引き込んでいるところはない。黄金色の見た目からのイメージよりもサッパリした浴感で、金気臭も微かだが、口に含むと独特な金属味が広がり、多彩な成分を含む泉質を感じられる。ちょっとしたプールのような広さ&深さがある内湯大浴場「仁《めぐみ》乃《の》湯《ゆ》」には、湯口からザバザバ注ぐ大量の源泉が並々と満たされ、源泉を頭から浴びられる「滝の湯」まである。ゆっくり独り占めするなら、館内各所にある貸切風呂がおすすめだ。

野城聡志

極上湯を独り占めできる貸切風呂。

草津温泉 関乃湯

群馬県の関乃湯。渋川伊香保ICを降りてから59キロ！ 2年前はあんなに過疎っていたのに、人人人。若者だらけ。関乃湯に着き、ドアを開けると先客がいました。少し待って出てきたのは若者3人。お待たせしましたと丁寧な挨拶。気持ちが良い。入ると薄暗い脱衣場。ゆっくり脱いでいざ入浴。この雰囲気最高！ 東京から3時間かけてきたかいがありました。かけ湯をしたら、ちょっと熱めでまた最高！ ゆっくりお湯に沈みました。目の前のHI（硬質塩ビ）のバルブからは、少量のお湯。相当絞ってます。ちょっと開くとドバドバ！ すぐ閉めました。この硫黄の香りがまた最高。こんな素晴らしいお湯、年1回巡り会えるかどうか。

鈴木知義

この白い垂れ幕が目印だ。

草津温泉 関乃湯

泉質　酸性・含硫黄–アルミニウム–硫酸塩・塩化物温泉
住所　群馬県吾妻郡草津町草津 393
電話　なし
料金　無料

無料のセルフドバドバ共同浴場
これぞ草津の文化！

こんな素晴らしい湯に無料で入れるところが、さすが草津温泉。

草津温泉 源泉大日の湯 極楽館

草津温泉の湯畑から歩いてすぐの所に極楽館はある。草津温泉と言っても源泉が違い、古くから大日の湯と呼ばれる独自の源泉を引いている。近年、源泉の温度が38度くらいに下がったので、熱い西の河原のお湯とブレンドして42度ほどに保っている。

貸切制の浴室が3つ、大小浴槽は違うがお湯は全て同じ。無色透明、源泉が常に掛け流されており、湯の華は流れてしまってあまりない。しかし硫黄臭含む酸性の匂いと強烈な酸味はやはり草津温泉。そして心なしか肌触りがまろやか。誰をも魅了してしまうお湯だ。

大西希

湯畑からも近くて便利。

草津温泉 源泉大日の湯 極楽館

泉質　酸性–アルミニウム–硫酸塩・塩化物温泉
住所　群馬県吾妻郡草津町草津 507
電話　0279-88-2142
料金　1 時間 1,000 円～（12 時～ 15 時）
宿泊　13,200 円（モーニング付き）

湯畑の喧騒の近くで、
隠れ家のような静かな
大日の湯に浸かる

常に源泉があふれる貸切のお風呂が 3 つ。

鹿沢温泉 紅葉館

山の中にポツンと一軒、昔からの鹿沢温泉を守る紅葉館。浴室の扉を開けるとタイムスリップした感覚になる。ドンと浴槽がひとつ、打たせ湯がひとつ。ほかに余分な物はなく、泉質が違うふたつの源泉が惜しげもなく流れ続ける。浴槽はうっすら青みがかった濁り湯に赤い湯の華が舞う。長い歴史のあるこの温泉で、2代目が設計してから大切に引き継がれている湯船は、お湯が1時間で循環し入れ替わる。まさにひな研推奨ドバドバ温泉。効能の多い濃い温泉で、とても温まる。昔ながらの湯治を味わって欲しい。

大西希

湯ノ丸山の麓にポツンと一軒。

鹿沢温泉 紅葉館

泉質　マグネシウム・ナトリウム–炭酸水素塩温泉（雲井の湯）、マグネシウム・ナトリウム・カルシウム–炭酸水素塩温泉（竜宮の湯）
住所　群馬県吾妻郡嬬恋村田代 681
電話　0279-98-0421
料金　500 円
宿泊　1 泊 2 食付き 15,000 円

大切に引き継がれている湯船。古くから鹿沢温泉として知られる源泉は湯量が多く、常にあふれ出している。

浴室のドアを開けると、
そこには古き良き昔が……

羊水に浸かっているかのような 胎内回帰的なリラックス湯

ツルスベ系の浴感もたまらない。

幡谷温泉 ささの湯

尾瀬の玄関口、片品村に毎分260リットル湧き出る純温泉A認定の100%源泉掛け流しのアルカリ性単純温泉。浴槽の淵からザァ〜っと流れ出る内湯はトド寝もできそう。また、不感温度の露天風呂は四季折々の景色が楽しめる。

シャワーも贅沢に源泉を使っていて髪もツヤツヤに。源泉温度が42度と絶妙な温度で、赤ちゃんから年配の方までずぅ〜っと浸かっていられる美肌の湯は、まるで羊水に浸かっているような感覚に。原点回帰の湯、幡谷温泉ささの湯を是非一度体感あれ！

三和忠章

幡谷温泉 ささの湯

泉質　アルカリ性単純温泉
住所　群馬県利根郡片品村幡谷 535
電話　0278-58-3630
料金　700 円
宿泊　素泊まり 5,500 円〜

湯量泉質申し分なし！
質実剛健な温泉！

ここは泊まりでとことん温泉を楽しみたい。

塩原温泉 やまなみ荘

塩原温泉の中でも特に湯量と泉質が素晴らしく、おすすめしたいのが「やまなみ荘」だ。岩肌からお湯が小滝のごとく流れ落ち、浴槽に注がれる。しかもその岩は温泉成分でコッテコテ。浴室はあふれ出たお湯でヒタヒタ。温泉マニアなら泣いて喜ぶシチュエーションだ。誰もいなければここで寝転ぶのが最高ですぞ。

昔ながらの温泉宿で居心地が良く、食事もうまい。日帰り利用も可能だが、ここはぜひ宿泊してドバドバ内湯と外湯の露天風呂の両方をゆっくり楽しんでほしい。

大浦高晴

塩原温泉 やまなみ荘

泉質　ナトリウム–炭酸水素塩・塩化物温泉
住所　栃木県那須塩原市塩原 2566
電話　0287-32-3962
料金　660 円
宿泊　素泊まり 5,000 円～

江戸時代もこんなだったのか……
徒歩でしか辿り着けない
昔ながらの山の温泉

1200年前に天狗が発見したという天狗の湯。

北温泉旅館

駐車場から山道を４００メートルほど歩くと江戸・明治・昭和時代の3棟の建物と大きな温泉プールが現れる。これが北温泉旅館だ。

内湯は有名な天狗の湯（男性・宿泊者用時間帯に混浴）と芽の湯（女性）、家族風呂、打たせ湯、露天は男女別の河原の湯、相の湯と泳ぎ湯。迷路のような建物の中を湯巡りするだけで忙しい。お湯はほぼ無色透明、無味無臭、鉄分を含むというが、それを一番感じるのは芽の湯だ。どの風呂も源泉が大量に流れ、温度は高めで暖まる。歴史に思いを馳せながら源泉に浸かるのは楽しい。

大西希

江戸時代の人のように歩いて湯治へ。

北温泉旅館

泉質　単純温泉
住所　栃木県那須郡那須町大字湯本 151
電話　0287-76-2008
料金　700 円
宿泊　素泊まり 6,900 円～

秋は紅葉も美しいんだなぁ。

塩原元湯温泉 ゑびすや

田山花袋は、塩原を「山が美しく渓が美しいうえに温泉が到る処に湧き出している」と書いているが、その箒川沿いに栄えた塩原十一湯で最古の塩原元湯のうち、湯治場の佇まいを残すのが「ゑびすや」。

こぢんまりとした建物、家庭的な接客、心づくしの食事……どれも素晴らしいが、やはり温泉好きを虜にする泉質は特筆。「梶原の湯」「弘法の湯」甲乙つけ難いが、私は間欠泉の弘法の湯に軍配を上げたい。今宵は、極上の湯に浸り、「ドバドバッ……ドバドバッ」と噴出する湯の音に耳を傾け山の宿の静寂を楽しむ極楽に身を委ねよう。

高橋正光

塩原元湯温泉 ゑびすや

泉質　含硫黄–ナトリウム–塩化物・炭酸水素塩泉
住所　栃木県那須塩原市湯本塩原 153
電話　0287-32-3221
料金　500 円〜
宿泊　1 泊 2 食付き 12,000 円〜

数分ごとに湯があふれ出す、
珍しい間欠泉のドバドバ温泉をご体験あれ

右の湯船が「弘法の湯」。
左が「梶原の湯」だ。

塩原元湯温泉 元泉館

ここは宿泊者専用のふたつの内湯と、日帰り客も利用できる露天風呂がある広い高尾の湯があります。露天風呂は渓流のせせらぎや鳥の声を聞きながら入浴でき、内湯の湯の花が舞う緑色と白濁した湯は、身体の芯まで温まりとてもリラックスできます。宿泊者専用の内湯で飲泉ができる邯鄲《かんたん》の湯は岩から湧き出る胃腸名湯で、この湯でつくる温泉粥はとても美味しくておかわり必須です。温泉粥はランチでも味わえるようになりましたので、ぜひ食べてみて。

室橋芳行

塩原元湯温泉 元泉館

泉質　含硫黄–ナトリウム–塩化物・炭酸水素塩温泉（硫化水素型）（低張性中性高温泉）※高尾の湯の泉質
住所　栃木県那須塩原市湯本塩原 101
電話　0287-32-3155
料金　大人 800 円（8 ～ 20 時）
宿泊　素泊まり 7,480 円～

那須塩原の温泉街から
山道へ入り歴史ある元湯へ

元泉館は３種類の異なるにごり湯が楽しめるのが魅力だ。

黒部温泉 四季の湯

泉質　アルカリ性単純温泉
住所　栃木県日光市黒部 21
電話　0288-97-1500
料金　700 円

豊かな自然につつまれて
すべて洗い流され、浄化されていく……

男女共に露天風呂がふたつ。ひとつは屋根がついているから雨天でもOK！　頭を空っぽにして、自然に身をゆだねよう。

黒部温泉 四季の湯

竹の根っこを使った特徴的な湯口から、掛け流しの源泉がジャバジャバ出ている。黒部温泉 四季の湯は、川やダムが近い、山あいの開放的な天然露天温泉だ。湯船にしばらく身をあずけ、五感を研ぎ澄ます。自然の景観、豪快に流れ落ちるお湯の音、ほんのりゆで卵のような甘い香り、つるりとした湯ざわり、熱すぎない湯温、山のやさしい風……。自然と一体になる贅沢な時間だ。心も体もリセット完了！ 現代人にぴったりの心身沈静、浄化、そして嬉しい美肌の湯。ああ、毎日入りたい。

木川志保

全席一枚板のテーブルのゆったりした休憩所。毎年 1/15 ～ 3/15 は冬季休業。ハツラツ元気なお母さんと物静かで働き者のお父さんにも癒され、もう帰りたくない……。

ほかでは味わえない！
メタけい酸をたっぷり含んだ
ドバドバ流れる川湯

温泉が流れる川。なんという贅沢！

奥那須温泉 大丸温泉旅館

大丸温泉の魅力はなんと言っても「川の湯」と呼ばれる露天風呂。その名の通り、茶臼岳が間近に見える標高１３００メートルにある複数の源泉と山からの湧水が合わさって生まれた川だ。無色透明の湯は柔らかく、美肌の湯と呼ばれ飲泉もできる。流れ落ちる川に沿って５つの露天風呂があり、上段ふたつは女性専用。ほかは湯浴み着用の混浴で誰でも一緒に湯浴みができるのが嬉しい。男女別の貸切の内湯がある。野湯なのにプライバシーに守られた空間で季節を身体で感じられる唯一無二の温泉だ。

赤堀薫

奥那須温泉 大丸温泉旅館

泉質　単純泉 中性低張性高温泉
住所　栃木県那須郡那須町湯本 269
電話　0287-76-3050
料金　1,000 円
宿泊　1 泊 2 食付き 18,700 円〜

板室温泉 奥那須大正村 幸乃湯温泉

板室温泉の温泉街から離れた森の中の1軒宿、幸乃湯は温泉パラダイス。板室名物の綱の湯がある浴室と、打たせ湯のあるふたつの浴室があり、内湯にも露天風呂にもったいないと思う程源泉掛け流しで透明な優しい温泉が投入されています。

綱の湯では運動会の綱引きのような太い綱にぶら下がって入浴します。板室でしか体験できませんが、私的には安定せず逆に疲れてしまうので話のネタかな？　ぜひ体験してみてください。

室橋芳行

豪快打たせ湯にシビれるべし！

この打たせ湯がなかなか強烈なのだ。

そして名物「綱の湯」。綱にぶら下がって湯に浸かろう。

板室温泉 奥那須大正村 幸乃湯温泉

泉質	ナトリウム・カルシウム–硫酸塩温泉（低張性・アルカリ性・高温泉）
住所	栃木県那須塩原市百村 3536-1
電話	0287-69-1126
料金	800 円
宿泊	素泊り 6,980 円～

鬼怒川温泉 仁王尊プラザ

鬼怒川温泉の外れにある昭和チックな温泉ホテル、仁王尊プラザ。ここに鬼怒川名物ライン下りの船を湯船にしちゃった露天風呂がある。一見、B級感を感じてやまないけれど、実は鬼怒川ナンバーワンっていっていいほどの名湯だったりする。

2本のパイプからドボドボと投入される源泉は鮮度のいいトロトロ湯。う～ん、このウトウトしちゃう湯は人をダメにする温泉だなぁ。と、思わず湯に浸かりながら〝船を漕ぎそうに〟なってくるっというオチまでついている、知る人ぞ知る名湯なのである。

岩本薫

温泉
仁王尊プラザ

鬼怒川温泉 仁王尊プラザ

泉質　アルカリ性単純硫黄泉
住所　栃木県日光市鬼怒川温泉大原 371-1
電話　0288-76-2721
料金　700 円
宿泊　素泊まり 6,150 円

まさしく湯船？
ライン下りの船に湯を
張ったおもしろ露天風呂

一見、B 級？
ところがめっちゃいい湯なんだなぁ。

洞《ぼら》輪《わ》沢《ざわ》温泉

八丈島空港から車を走らせること30分弱、漁港のすぐそばに小さな建物が見えてくる。一見して温泉とは到底思えないが、ここが島で最も古くからある名湯、洞輪沢温泉だ。簡素な浴室に入れば、ボゴボゴ……と音を立てて湧き出す源泉の迫力がすごい。その迫力とは裏腹に、浴槽に満ちるのは至高のぬる湯。浴槽に全身を沈めれば、まるで身も心も溶けてお湯と一体化してしまいそうな心地よさだ。浴槽から上がれば、潮風がそよそよと火照った肌を撫でる。ここは、無料で入れる温泉好きのためのユートピア。

和田愛理

洞輪沢温泉

泉質　カルシウム・ナトリウム－炭酸水素塩・塩化物・硫酸塩温泉
住所　東京都八丈島八丈町末吉無番地
電話　04996-2-1377（八丈町観光協会）
料金　無料

なんとも素晴らしいひなび具合。看板の手書きの文字が味わい深い。八丈島最古の名湯で自然のパワーをもらう。

ひなびた温泉好きにはたまらない、
八丈島の激渋ドバドバ温泉

湯口から勢いよく湧き上がる源泉が、浴槽から絶え間なくあふれ出ている。至高の源泉掛け流し。

温泉ソムリエぐっち　特別寄稿

やっぱり温泉は源泉掛け流しで。それがドバドバならいうことなし！

温泉好きな方にとって好きな温泉の条件は「源泉掛け流し」の温泉だと思います。それはなぜか。答えは、きっと「新鮮な温泉」を求めているからだと思います。新鮮な温泉を体感したことがある方は、同感頂けると思います。

そんな新鮮な温泉に入った瞬間、私は至福の幸せを感じます。全細胞が喜ぶような感覚になります。これこそが元来、温泉に入るという行為の、最大の醍醐味なのではないでしょうか。ただ、源泉掛け流しの温泉であっても、鮮度が高い温泉から、そうでもない温泉まであります。

そのひとつに「源泉掛け流し」という言葉に明確な定義や基準がありません。そのため、現在「源泉掛け流し」の温泉には大きく「塩素入りの源泉掛け流し」と「塩素無しの源泉掛け流し」の2種類があります。

難しい問題ではありますが、昨今行政の指導等により、塩素（塩素系薬剤）を投入している源泉掛け流しの温泉が徐々に増えていっています。塩素は酸化剤なため、元来新鮮な温泉であっても、塩素を入れた源泉掛け流しの温泉は酸化してしまい、新鮮な温泉では無くなり、元来の湧き出した温泉とは異なってしまいます。

また、温泉は空気に触れると酸化や劣化が始まります。そのため、掛け流される湯量が少ない、もしくは浴槽が大きい場合は、浴槽の温泉の入れ替わる時間が長くなるため、鮮度が落ちてしまいます。更に入浴者数や入浴者の清潔度、施設側の清掃レベルによっても変わってきます。

ただ、一般の方がこれらの情報を知ることは大変難しいです。なぜなら多くの温泉雑誌やら温泉施設のＨＰ、ネット等の紹介サイト等では、これらの情報開示がほとんどされていないからです。

そのような事もあり、２０１９年に「純温泉協会」を設立しました。源泉掛け流しという曖昧な言葉では意味が無いと思い、そして新たな言葉を、ということで「純温泉」という言葉を考え出しました。そして「純温泉」の定義を設け、合致する浴槽に対し、認定書を発行することにしました。現在全国で約１４０か所の宿及び施設に会員になって頂いています。

とても新鮮な温泉だと思うひとつが、塩素を入れていない、湯量の豊富な「ドバドバ温泉」です。浴槽の湯の入れ替わる時間がとても早いため、とても新鮮な温泉を味わえます。また、湯口から注がれる温泉の迫力も、見ているだけでも嬉しくなってしまいます。そんな温泉は全国的にも大変貴重

山口貴史

1971 年大阪府生まれ 。
一般社団法人純温泉協会代表理事。
温泉ソムリエ。「温泉ソムリエぐっち」
として各種メディアにも多数登場。

でかつ稀少。しかし、いくらドバドバな温泉であってもプールのように大きい浴槽であれば、新鮮な温泉とは言えなくなってしまいます。なので、湯量が多く、かつ浴槽が小さい程、「鮮度が良い温泉だ」ということになります。そして適温であるということも大事です。熱くてドバドバだと、とても入れませんよね。

そんなドバドバ温泉をひとつご紹介させて頂きます。ひな研研究員の皆様の中でも評価も高く、かつ純温泉協会会員の温泉でもある熊本県日奈久温泉にある「旅館幸ヶ丘」（36ページ掲載）です。

以前はお宿として営業されていましたが、現在は日帰り温泉として営業されています。やや熱めの湯が湯口よりドドド～と放出されています。浴槽も小さめ。女湯は更に小さな浴槽、貸切浴室は更に小さな浴槽。単純温泉ながら、弱アルカリ性であり、硫黄由来の香りも漂う素晴らしい温泉です。また日奈久温泉で純温泉は大変貴重です。新鮮な温泉ならではの超絶な気持ち良さを味わって頂けるでしょう。

中部

中部は山梨&
長野がドバドバ2強だ！

寺宝温泉

源泉掛け流しを表示している温泉はたくさんありますが、ここはなんと「源泉かけすて」と明示していて、宿の案内看板にも大きく表示しています。浴室は男女入替えで内湯がふたつ、露天が岩風呂と檜風呂で入口側（東の湯）の浴室には巨石をくり抜いたお風呂があります。どの浴槽にも少し茶色いモール泉が掛け捨てで注がれています。私は岩風呂でぬる湯にマッタリ入浴して、フレッシュな温泉の特徴である身体に細かい泡が付くのを楽しんでいます。毎日まじめに清掃しているため、宿泊者も夜9時～翌朝7時まで入浴できません。

室橋芳行

「源泉かけすて」のアピールにいつわりなし！

寺宝温泉

泉質　ナトリウム塩化物泉
住所　新潟県長岡市寺宝町82
電話　0258-29-4126
料金　800円
宿泊　素泊まり4,200円～

泡付きのいい鮮度抜群のモール泉。

源泉かけすて。グッとくる言葉だ。

駒の湯温泉 駒の湯山荘

越後駒ヶ岳の麓に建つ一軒宿。ぬる湯好きの間で知らぬ者はいない名湯だ。ただぬるいのではない。湯量と泉質がスゴすぎるのだ。館内外に7箇所の源泉槽があり、なかでも噴水の如く湧き出ている外湯が圧巻！ 見ているだけで笑顔になれる。

長時間じっくり浸かればお肌はスベスベ。場所柄、半年以上の冬季休業を強いられるという、経営には非常に不利な条件で宿を維持してくれていることに感謝の念を禁じ得ない。万難を排してでも浸かりに行きたいと思える至極の温泉。

大浦高晴

駒の湯温泉 駒の湯山荘

泉質　アルカリ性単純温泉
住所　新潟県魚沼市大湯温泉 719-1
電話　090-2560-0305
料金　500 円
宿泊　1 泊 2 食付き 9,950 円～

激しすぎる噴水か ?!
圧巻の掛け流し！

ドバドバぬる湯は
CHILL OUT したい時に最適。

奥湯沢 貝掛温泉（目の温泉）

毎分４００リットルを超え、江戸時代以前から湧き出ている湯の効能は星付き。メタホウ酸を多く含む湯は昔から目に良いとされ、新鮮な湯で目を洗うと不思議とスッキリする。体温ほどの湯温にじっく〜り浸かり、泡がまとわり付く頃にさっと熱い湯に入る！　を繰り返すとポカポカする。

風情のある露天風呂は自然豊かでゆったりできるが、歴史ある宿の建物、美味しい魚沼のお米も魅力だ。街道から少し外れただけで秘湯感あふれる宿までの道にワクワクし、貝掛温泉ワールドを楽しもう。

赤堀薫

目の温泉としても有名な秘湯の一軒宿。

奥湯沢 貝掛温泉

泉質　ナトリウム・カルシウム・塩化物温泉・アルカリ性低張性温泉
住所　新潟県南魚沼郡湯沢町三俣 686
電話　025-788-9911
料金　1200 円
宿泊　1 泊 2 食付き 18,700 円〜

美川のためにこの湯を守っていきたい
——社長の熱い想い

美川温泉 安《やす》産《まる》の湯

霊峰白山から流れる手取川扇状地に広がる美川平野に、その温泉がある。太古の昔に堆積した泥炭層を通じ、腐食物質由来の美しい褐色の湯が滔々と限りなく湧き出している。

美川温泉一号泉。毎分３５０リットルの源泉。一度は廃業されていたこの湯を、美川で割烹を営む米屋社長が２０１２年に復活させた。地元のみなさんの要望に基づき、美川の起爆剤になるように、と。安産の名前は近所の安産日吉神社によるもの。この豊かな掛け流しの湯に入浴すると身体の芯から温まる。しかも香りがまた良い。

志甫浩之

一度は廃業したものの、2012 年うれしい復活！

美川温泉 安産の湯

泉質　ナトリウム−塩化物泉
住所　石川県白山市平加町ワ 6-2
電話　076-259-6218
料金　490 円

竜王ラドン温泉 湯〜とぴあ

4つのプレートがぶつかるここ、山梨県には市街地に豊富な温泉が点在している。その中心部ともいえる甲斐市に貴重な竜王ラドン温泉があるのだ。何が貴重かといえば、全国でラジウム泉が減りつつある中で人工的に高濃度ラドンガスを湯底から取り入れた湯船と、滝のようにドバドバ惜しみなく流れ落ちる湯は4種の泉質が程よく混じり合い、それを贅沢に味わえるのだ。

外観はホテルだが、一歩中に足を入れるとそこは昭和レトロ感たっぷり。「ラドンを吸う温泉」と掛け流しのこの湯に浸り、至福の時を過ごしたい。

佐藤敏彦

竜王ラドン温泉 湯〜とぴあ

泉質　ナトリウム–塩化物–
　　　炭酸水素塩泉
住所　山梨県甲斐市富竹新田 1300-1
電話　055-276-9111
料金　770 円
宿泊　素泊まり 6,600 円〜

東洋一の最強ラドンと号するドバドバ温泉

老人福祉センターのイメージを覆すドバドバ露天風呂

山梨らしいアワアワ湯がドバドバと。

中巨摩地区広域事務組合 老人福祉センター

笛吹川沿いにちょっとマニアックな湯がある。それは何の変哲もない高齢者福祉施設内に、地下７００メートルから毎分３２２リットル湧出する源泉１００％掛け流しのモール泉（単純泉）だ。内風呂はジャグジーで、加熱している琥珀色の湯があふれ出る。

一方、露天風呂は炭酸イオンを５１６・５mg／kgも含む湯がドバドバ流れ出し、多量の気泡があっという間に肌にまとわりつき、驚いてしまう。

18歳未満入湯禁止だからか、地元の人達が各々決まった時間に集い、楽しげに語り合える公共の場になっているようだ。

佐藤敏彦

中巨摩地区広域事務組合
老人福祉センター

泉質　単純泉（低張中性温泉）
住所　山梨県中央市一町畑 1189
電話　055-274-0610
料金　500 円（60 歳以上 300 円）

甲府盆地の
住宅地のど真ん中！

農家の山口さんが 1987 年にブドウ畑をボーリングして掘り当てた温泉だ。

山口温泉

山口温泉は住宅地のど真ん中にある日帰り温泉施設だ。お湯はシュワシュワ炭酸泉。少しお湯に浸かるだけで身体中が泡まみれになる。お湯の投入口付近は泡でお湯が白く濁って見えるほどだ。ぬる湯だが、炭酸の効果なのか身体がよく温まる。

お湯の投入量は半端でない。湧出量は毎分４４０リットルだという。お湯の持ち帰りも自由というから太っ腹だ。筆者が訪れた時には二人組のおじさんがペットボトルを持ち込み、大量にお湯を持ち帰っていた。これでご飯を炊いたら美味しいかも。

広野隆司

山口温泉

泉質　炭酸水素塩泉
住所　山梨県甲斐市篠原 477
電話　055-279-2611
料金　700 円

お湯も一級品だ！

敷地内から湧出する源泉を直接湯口に流しているからお湯は新鮮だ。

韮崎旭温泉

ここは畑に囲まれたポツンと一軒温泉。駐車場には全国各地のナンバーがズラリ。人気の理由は何と言っても泡付きの良さだろう。ドバドバ贅沢に掛け流されるエメラルドグリーンの天然のシュワシュワが、優しく身体を包み込んでくれるのだ。加水・加温・循環なしで湯温が40度程度！　炭酸泉でこの適温はまさに奇跡！　これは本当にゆったりと湯を愛でることができる。さらに湯上りは肌ツルツルときたもんだ。タイミングが合えば管理人さんから冷えた温泉水をいただける。身体の内外からリフレッシュ！

保谷義信

天気が良い日は富士山を眺めることもできる。

韮崎旭温泉

泉質　ナトリウム–塩化物・炭酸水素塩泉（低張性弱アルカリ性温泉）
住所　山梨県韮崎市旭町上條中割 391
電話　0551-23-6311
料金　600 円

全国の温泉ツウを魅了する　エメラルドグリーンの泡々極上泉

飲泉可能な湯が贅沢に。

トータス温泉 金の湯

太平洋プレート、フィリピンプレートなど４つのプレート衝突地帯の地下１２００メートルから湧出する天然温泉で、高温浴、中温浴、微温浴が楽しめる。血液・リンパの循環促進や疲労回復、自律神経にも効くと言われる。内湯は大小ふたつの浴槽（小さい方はあつ湯で、大きい方は少しぬるめのバブルバス）とぬるめ露天風呂１箇所があり、天気の良い日は露天でゆっくりと過ごしたくなる。お風呂に浸かりながら今日の晩ごはんの話をするオバさんたちの話が聞こえてくる、地元密着型の「湯治場」風温泉である。

岡部純子

トータス温泉 金の湯

泉質　ナトリウム–炭酸水素塩・塩化物泉
（低張性弱アルカリ性高温泉）
住所　山梨県甲府市中小河原 668
電話　055-243-2889
料金　550 円

「ただいま」「おかえり」が聞こえてくる馴染みの温泉

湯村温泉 旅館明治

玄関の前に立てば、すでにガラス戸越しに太宰治が迎えてくれている。好きな人にはたまらない旅館である。年季の入った建物には照明や天井の飾りなど、意味不明で不思議な意匠がいたるところに施されており、突っ込みどころ満載。更衣室も明治ならぬ昭和臭がぷんぷんして楽しい。

温泉は、壁から突き出た猿の腰掛のような湯口からこんこんと湧き出ており、湯船からあふれて床を流れてゆく。少し緑がかった、ぬるつるの湯にひとり浸かり、ほぼ枯れた竹林を眺めていると、深山幽谷の趣きがある。

根橋誠

湯村温泉 旅館明治

泉質　ナトリウム・カルシウム–塩化物・硫酸塩泉（弱アルカリ性低張性温泉）
住所　山梨県甲府市湯村 3-10-14
電話　055-252-0388
宿泊　素泊まり 5,500 円〜
（2025 年 12 月頃まで大規模改修のため休業中）

石和《いさわ》温泉 旅館 深雪温泉

ＪＲ石和温泉駅から10分ほど歩いた街なかに深雪温泉はある。敷地内に2本の自家源泉をもち、毎分ドラム缶7本分もの湯が惜しげもなく掛け流されている。半世紀以上前の雨が地下を浸透し、ポンプアップなしで自ら湧き出る力強い湯だ。温度が違う源泉はそれぞれ完の湯、熟の湯といわれ、湯船で合わさった「完熟の湯」は、最高の湯加減だ。ほんのり玉子の香り、つるりとした質感の美肌の湯で体の芯から温まる。シャワーやカランの湯も源泉だ。飲泉もでき、大地の恵みが身に染みる。

木川志保

玄関先の源泉も飲泉できる。優しくまろやかな味わい。ゆっくりと宿泊もおすすめ。

石和温泉 旅館 深雪温泉

泉質　アルカリ性単純温泉
住所　山梨県笛吹市石和町市部 822
電話　055-262-4126
料金　大人 1,300 円
宿泊　素泊まり 10,850 円～

湯船にドバドバそそがれる フルーツの里のもぎたてフレッシュな湯

50.8 度と 36 度の源泉が掛け流される。循環、加熱、加水、塩素滅菌なしの湯は、まるで天然果汁 100% フレッシュジュースのよう。

つるつるポカポカと
アイスになった気分を交代で味わって……

まさかのビジネスホテルでの極上ドバドバ温泉との遭遇！

ホテル昭和

ビジネスホテルに良い温泉。朝食も良い感じ。これで貸切があったらなぁ……と思っていたら、夜遅くには貸切もあるとのこと。希望項目にピッタリ。
茶色がかったお湯が、真ん中の湯船にドバドバと掛け流し。勢いよく出ています。細かな泡がついて、少し熱めのお湯で温まったあとは、冷凍室でひんやり、自分がアイスになった気分。熱い！ 冷たい！ を何度も繰り返したくなる温泉です。お肌つるつるになって、いつまでもポカポカが続きます。

小塩真樹枝

ホテル昭和

泉質　単純温泉
　　　（低張性弱アルカリ性高温泉）
住所　山梨県中巨摩郡昭和町西条 3682-1
電話　055-226-1521
宿泊　朝食付き 6,175 円～
　　　※入浴は宿泊者のみ

小瀬温泉ホテル

軽井沢にひなびた温泉？　そう、ノーブルでロイヤルなひなびた温泉だって存在するのだ。アブラのような湯の香りがたちまちテンションをあげる。ちょうど良い加減の湯に耳元まで浸かっていると、ドバドバとあふれ出て排水溝に向かう湯を、自然と目の高さで眺め続けることになる。ああ、こんなに素晴らしい湯が右から左へと行ってしまうのか！　しかも夜通し、真夜中も絶えず！　だったら自分が独り占めしてやる!!　こうして寝る間も惜しんで湯に入り、毎回全身ホカホカフラフラになって宿を後にする。

宮尾美徳

秋には渓谷の紅葉も楽しめるロケーション。

小瀬温泉ホテル

泉質　ナトリウム–炭酸水素塩温泉
住所　長野県北佐久郡軽井沢町大字長倉 2126
電話　0267-42-3000
宿泊　素泊まり 8,090 円～

お上品な軽井沢に似つかわしくない
ザバザバあふれまくる源泉掛け流し

幸せのオーバーフローを体験せよ！

春は新緑、夏は緑、秋は紅葉、冬は雪見。季節を愛でる露天風呂。

葛温泉 高瀬館

高瀬渓谷にひっそりとある秘湯 葛温泉にある高瀬館には、高瀬の湯と炭酸の湯の2本の源泉が引かれている。高瀬の湯は男湯の露天風呂に引かれており、湯の花が咲いている。炭酸の湯は女湯の露天風呂に引かれており、内湯はこのふたつの湯がブレンドされている。少し熱めの湯は、夏は裏銀座を歩いた登山者の疲れを癒し、秋は紅葉で彩られ、冬は雪見温泉と四季折々を楽しめる。何といっても何本ものパイプで注ぎ込む大きな露天風呂は、豊富な湯量であふれ出ておりこの天然掛け流し温泉に入ると心も体も温まる。

太田伸夫

葛温泉 高瀬館

泉質　アルカリ性単純温泉（高瀬の湯）、
　　　単純温泉（炭酸の湯）
住所　長野県大町市平高瀬入 2118-13
電話　0261-22-1446
料金　700 円
宿泊　1 泊 2 食付き 14,800 円～

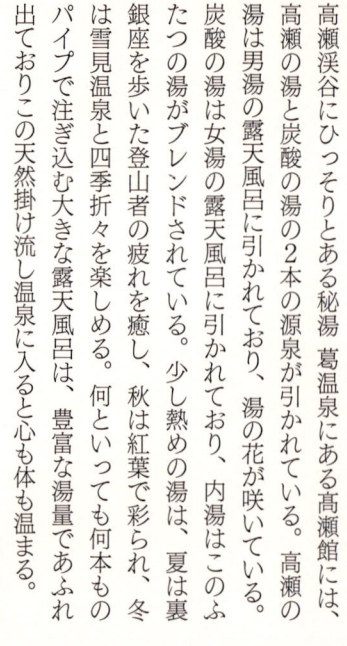

来馬温泉 風吹荘

里山風景に溶け込んだ来馬温泉風吹荘は大好きなお宿です。浴室手前で鉄と硫黄の香りが漂い、ワクワクします。中に入ると、淡い白黄緑色の笹濁りの源泉が赤茶色に染まった床の上にドバドバと掛け流される絶景と出会えます。

ツルスベでタマゴ味と鉄の味、微かな炭酸味もある濃いお湯は、温度の違う２種の源泉を職人技でブレンドされて適温。浸かることとお湯が流れる床に寝そべることを繰り返すのが最高に気持ち良かったです。絶品の手打ちそばを含む食事も素晴らしく、リピート確定のお宿です。

角田貴志

来馬温泉 風吹荘

泉質　ナトリウム–炭酸水素塩泉
住所　長野県北安曇郡小谷村北小谷 1283-1
電話　0261-85-1144
料金　500 円（金土日の 15 時～ 18 時）
宿泊　１泊２食付き 11,500円（金土日月のみ）

床に寝ころびたくなるドバドバ温泉

お蕎麦も温泉も、ここは格別だなぁ

湯口からもシャワーからも飲める
優しい温泉がザブザブと！

大きな窓の浴室は、
まるで露天風呂の
ような開放感が。

鹿《か》教《け》湯《ゆ》温泉 ふぢや旅館

「牛なのか？　鹿なのか？」と問いたくなる湯口でお馴染みの温泉旅館。

全国に数多あるアニマル湯口の中でも最高峰と言われている所以は、その見た目だけではなくワイルドにオラオラと注がれる豊富な湯量にある。

長野県の鹿教湯温泉ふぢや旅館。混浴大浴場・女性専用・露天風呂の全ての浴槽に癖のない優しい湯がザブザブと掛け流されているのだ。そんな湯に浸かり、渓谷の美しい景色を見ながら贅沢な癒しの時間を過ごす。

温泉マニアにはパスカルの穴も魅力だろう。昭和レトロな建物も何とも味わい深い。牛か鹿か？　野暮な質問だ。

保谷義信

鹿教湯温泉 ふぢや旅館

泉質　単純温泉（弱アルカリ性低張性高温泉）
住所　長野県上田市鹿教湯温泉 1373-3
電話　0268-44-2204
料金　800 円
宿泊　5,500 円〜
※不定休につき要確認

鹿教湯《かけゆ》温泉 町・高梨共同浴場

火の見櫓の向かい、裏路地のような場所からジモ泉感満載のオーラが！ 奥に古びたコンクリの建物があり、アルミ扉を開けると簡素な脱衣所と、無人のため備え付けの料金箱。

小さな水色タイルの浴槽にあふれた湯は、陽光に照らされたゆらぎがとても美しい。獅子の口から元気に投入された新鮮な湯は、縁の一段下がった所から清楚に排湯されている。

湯にかなりの力を感じ、これが五湯合体の力かと驚くとともに、ここの真の素晴らしさは、全体を構成するソフトレトロな雰囲気と、ひなびつつも生活感のある活気を感じるところだ。

服部智也

鹿教湯温泉　町・高梨共同浴場

泉質　単純温泉（低調性、弱アルカリ、高温泉）
住所　長野県上田市西内 885-1
電話　0268-44-2331（鹿教湯温泉観光協会）
料金　200 円

地元の方が大切に管理している温泉です。入浴料金をちゃんと投入しましょう！

析出物たっぷりの「日本のマーライオン？」からほとばしる湯は、鹿教湯2、3、4、6と大塩温泉5号源泉の混合泉！

アチアチの由緒ある名湯を楽しむ公衆浴場

下諏訪温泉 新湯

江戸時代、中山道が開通し宿場町として栄えた下諏訪町。雄大な諏訪湖と諏訪大社の神々に守られた土地に、昭和から続く由緒正しき名湯がある。

この湯は44度と少し熱め。湯の成分がひらひらと舞う湯船に浸かると、身体にまとわりつくような塩気を感じ、湯船から上がったあともぽかぽかとした状態が持続する。その成分の良さからか、常連客からはリュウマチや神経痛などの痛みに効くと、そろって声が上がっていた。

新湯から徒歩でアクセスできる「遊泉ハウス児湯」「旦過の湯」の3湯巡りもおすすめだ。

髙坂秋乃

下諏訪温泉 新湯

泉質　ナトリウム・カルシウム–硫酸塩・塩化物温泉（低張性アルカリ性高温泉）
住所　長野県諏訪郡下諏訪町御田町上 3154
電話　0266-26-7332
料金　大人 280 円

温冷交互浴が堪らない！湯の花たっぷりのドバドバ薬効秘湯

奥蓼科温泉 渋・辰野館

東山魁夷の代表作『緑響く』の舞台として名を馳せる御射《みしゃ》鹿池《かいけ》を横目に車を走らせると、標高1600メートルの緑と静寂に佇む老舗旅館が姿を現す。

電化製品は定期的に買い替え必須、金属類は溶けてしまうというほどの薬効の強さ。3つの浴場があり、源泉湯船は18度で浴槽の底にはこれでもかといった量の湯の花。加温湯船は40度ほど。窓いっぱいに広がる白樺を眺めながら90㎝ほどの深い浴槽で温まった後、ドバドバと勢いよく流れてくる源泉の滝に打たれる温冷交互浴。一度体験したら頭から離れない気持ちよさと効能だ……。

髙坂秋乃

奥蓼科温泉 渋・辰野館

泉質　酸性・含硫黄–単純冷鉱泉
　　　(低張性酸性冷鉱泉)
住所　長野県茅野市豊平奥蓼科温泉
電話　0266-67-2128
料金　1,650円　※要予約
宿泊　1泊2食付き26,250円～
(不定休のため、事前に確認必須)

卵臭が芳しい地元の愛され温泉

田沢温泉 有《う》乳《ち》湯《ゆ》

この温泉には「その昔、山姥が湯治に来て大江山の鬼退治で有名な坂田金時を生んだ」という伝説が残っている。今は3本の源泉をもち、1号泉は足湯に、2号泉は内湯に、3号泉は温度が少し低いためかけ湯とシャワーに供給されている。

自噴かつ加水なし、加温なし、循環なし、消毒なしの泡付きのぬる湯はエコ温泉と言える。県内外の方々に愛されており、いつ行っても混んでいる。私も卵臭の漂う肌触りツルツルの田沢温泉2号泉の虜になっている。

太田伸夫

田沢温泉 有乳湯

泉質　アルカリ性単純硫黄温泉
住所　長野県小県郡青木村大字田沢 2700
電話　0268-49-0052
料金　300 円

小《お》谷《たり》温泉 山田旅館

妙高戸隠連山国立公園の標高８５０メートルに建てられた建物は、江戸時代建築の本館をはじめ国の登録有形文化財に指定されている。元湯と新湯があり、元湯は宿の裏から自然湧出している源泉でラドンを含有し、豊富な湯量と効能豊かな療養泉。源泉は新鮮な状態のまま滝のように湯船に注ぎ、完全掛け流しとなっている。現在はタイルが薄くなっているためゴムマットで保護している。

新湯は11月～４月中旬までの冬季期間はお休みであるが、山々を眺めながら入る展望風呂となっている。趣きの違った温泉が楽しめる。

太田伸夫

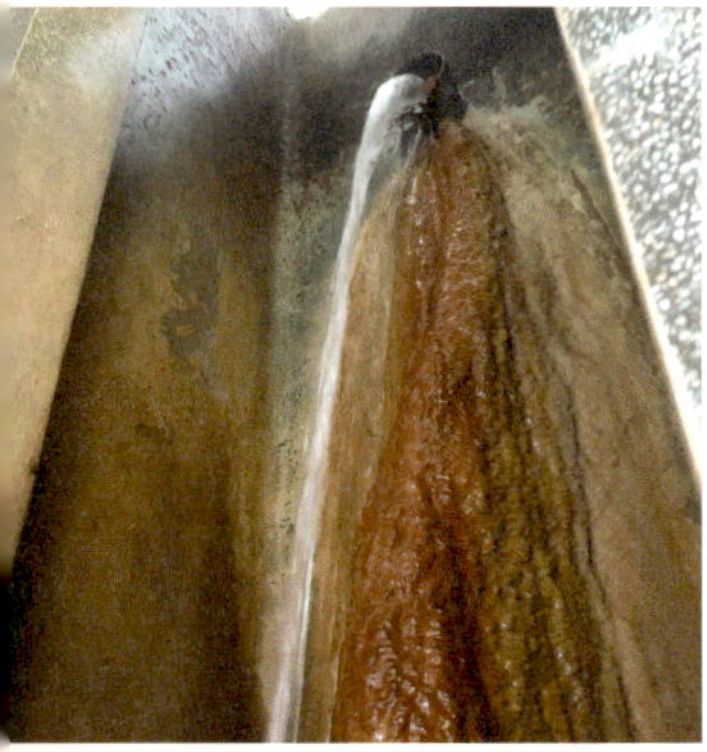

打たせ湯方式で投入される濃厚湯。

小谷温泉 山田旅館

泉質　ナトリウム・炭酸水素塩温泉
住所　長野県北安曇郡小谷村中土18836
電話　0261-85-1221
料金　700円
宿泊　1泊2食付き15,400円～

江戸時代の建物がそのまま残っている。

ノスタルジックな建物に感動！
そしてさらに濃厚な湯に感動！

姫川温泉 瘡《くさ》の湯

JR大糸線の平岩駅（新潟県糸魚川市）より歩いて姫川の橋を渡り、県境を越えて3分程度進むと天然掛け流し温泉の瘡の湯がある。武田信玄公の隠し湯で、切り傷や万病に効くと伝えられている温泉だ。

ここの湯は2キロほど離れた白馬大仏の近くから引湯され、透明で薄黄色の源泉が惜しみもなく、ドバドバとすごい勢いで湯船に注がれている。ちょっと熱めの炭酸泉でホットになった身体を大糸線が見えるベランダでクールダウンさせ、さらにまた湯船に浸かることを何回か実施すると身体がととのう。

太田伸夫

姫川温泉 瘡の湯

泉質　炭酸水素塩・塩化物温泉
住所　長野県北安曇郡小谷村北小谷 9922-2
電話　025-557-2120
料金　700 円

スゴい勢いで投入される源泉
それを見ているだけでまさに眼福！

熱めの炭酸泉で体が芯まで温まる。

やみつき必至！
空気に触れることなく
ゴボゴボ湧き出す
鮮度抜群の浴感

大澤温泉 野天風呂 山の家

温泉好きの中には「無色透明の湯は物足りない！」という、にごり湯派が少なくないと聞くが、ここ、大澤温泉山の家は、そんな偏見（?）をぶっ飛ばす、限りなく透明な美湯を、これこんな出しっぱなしでいいんですか？というくらい際限なくドバドバ出しまくっている温泉である。底から自噴する湯が空気に触れることなくゴボゴボと盛大に湧き出し続けており、ちょっともったいないくらい贅沢。ほかの大温泉地に比べこぢんまりなこともあり、湯船を独り占め、なんて幸運も期待できる良湯である。

勝田正仁

橋を渡っていくというロケーションがまたいいのだ。

大澤温泉 野天風呂 山の家

泉質　カルシウム・ナトリウム–硫酸塩泉
住所　静岡県賀茂郡松崎町大澤川之本 445-4
電話　0558-43-0217
料金　600 円
宿泊　素泊まり 4,800 円～

近畿

まさかの甲子園の近くに信じられないドバドバが!?

琴引温泉 琴引浜露天風呂

夏の日、「鳴き砂」の浜に現れたのは、まるでウミガメみたいに緑がかった岩の露天風呂だ。その甲羅ともいえる浴槽には、触ると暴力的なまでの勢いを感じる湯がパイプから注がれ、「ボコボコ」と大きな音を立てている。あふれた湯は海へと流れ出していくため、移動の際に油断すると滑ってしまうので要注意だ。

湯は少し熱めなので、クールダウンするなら、目の前にある海に浸かればいい。こちらの「湯量」はまさに無限大だ。ワイルドすぎる交互浴は夏の最高の思い出になるだろう。

新志有裕

湯疲れしたら、目の前にある海へ。

琴引温泉　琴引浜露天風呂

泉質　アルカリ性単純泉
住所　京都府京丹後市網野町掛津３
電話　0772-72-6070（京丹後市観光公社）
料金　無料（ただし駐車場料金別途）
※例年、夏季のみ入浴可能（４月ごろから足湯を開始）。水着着用が必要。

豪快にあふれ出す浜辺の露天風呂
海との交互浴が最高！

大量の湯が海へと大胆に掛け流されている。

滝のような源泉に胸が熱くなる！

浜田温泉 甲子園旭《きょく》泉《せん》の湯

いわゆる銭湯である。阪神甲子園駅から徒歩15分、住宅街に位置し非常に便利である。昭和35年創業、平成13年の改装時に温泉井戸を掘り当てたとのこと。

湯量豊富でドバドバしぶきを上げながら滝のように注がれるのが特徴。微かに黄色がかり、泡付きのある新鮮極まりない湯。露天風呂は超適温で小さな少しぬるめの浴槽もある。加温なし、加水なし、循環なし、消毒なしの「純温泉協会認定浴槽」。取材で開店時間の少し前に到着したところ、オープンアタック狙いの老若男女で行列ができていた。

今中宏明

浜田温泉 甲子園旭泉の湯

泉質　ナトリウム–炭酸水素塩・塩化物温泉
住所　兵庫県西宮市甲子園浜田町 1-27
電話　0798-26-7088
料金　490 円

湯元
山鳩湯

入之波《しおのは》温泉 山鳩湯

入ったらもう出たくなる温泉です。閉店間際まで粘ってしまったこともあります。

大峰山系の登山の帰り、露天風呂でダム湖の風景を眺めながら体温くらいのぬるめのお湯に浸かり、茶褐色の源泉がドバドバ注がれる音を聞いていると、登山や日常の疲れが抜けていきます。

元の形がわからないくらいにコテコテにカルシウムが付着した芸術的な浴槽に自家源泉が大量に注がれ、内湯から露天風呂、そしてダム湖へと掛け流されています。

ここへ入りたいがために、また山を駆け下りて行くと思います。

角田貴志

入之波温泉 山鳩湯

泉質　ナトリウム–炭酸水素塩泉
住所　奈良県吉野郡川上村入之波391
電話　0746-54-0262
料金　900円
宿泊　1泊2食付き13,000円

もう出たくなくなるドバドバ温泉

まるで温泉成分でできている
ような湯船がたまらない。

南紀湯川温泉 ゆりの山温泉

紀伊勝浦の南西、国道42号線からそれて細い道を進むと、ゆかし潟湖畔に南紀湯川温泉の日帰り温泉施設「ゆりの山温泉」があります。ここは知る人ぞ知るドバドバぬる湯の温泉。源泉100％の掛け流しで加水・加温なし。湯温は38度程度なのでいつまでも入っていられます。ぬる湯なので子ども達がとても喜ぶとか。いやいや、大人も喜びます。

広めの湯口と開きっぱなしの蛇口からは源泉がドバドバ、湯船からは極上湯がザーザーと容赦なくあふれ出ます。こんな温泉探してた。いや～、ここ最高。

内田仁

南紀湯川温泉 ゆりの山温泉

泉質　硫化水素泉
住所　和歌山県東牟婁郡那智勝浦町橋ノ川 481
電話　0735-52-5106
料金　400 円

ぬるめの極上湯が掛け流し
南紀の隠れた名湯！

フワァ～ッと硫黄の香りが出迎えてくれる。

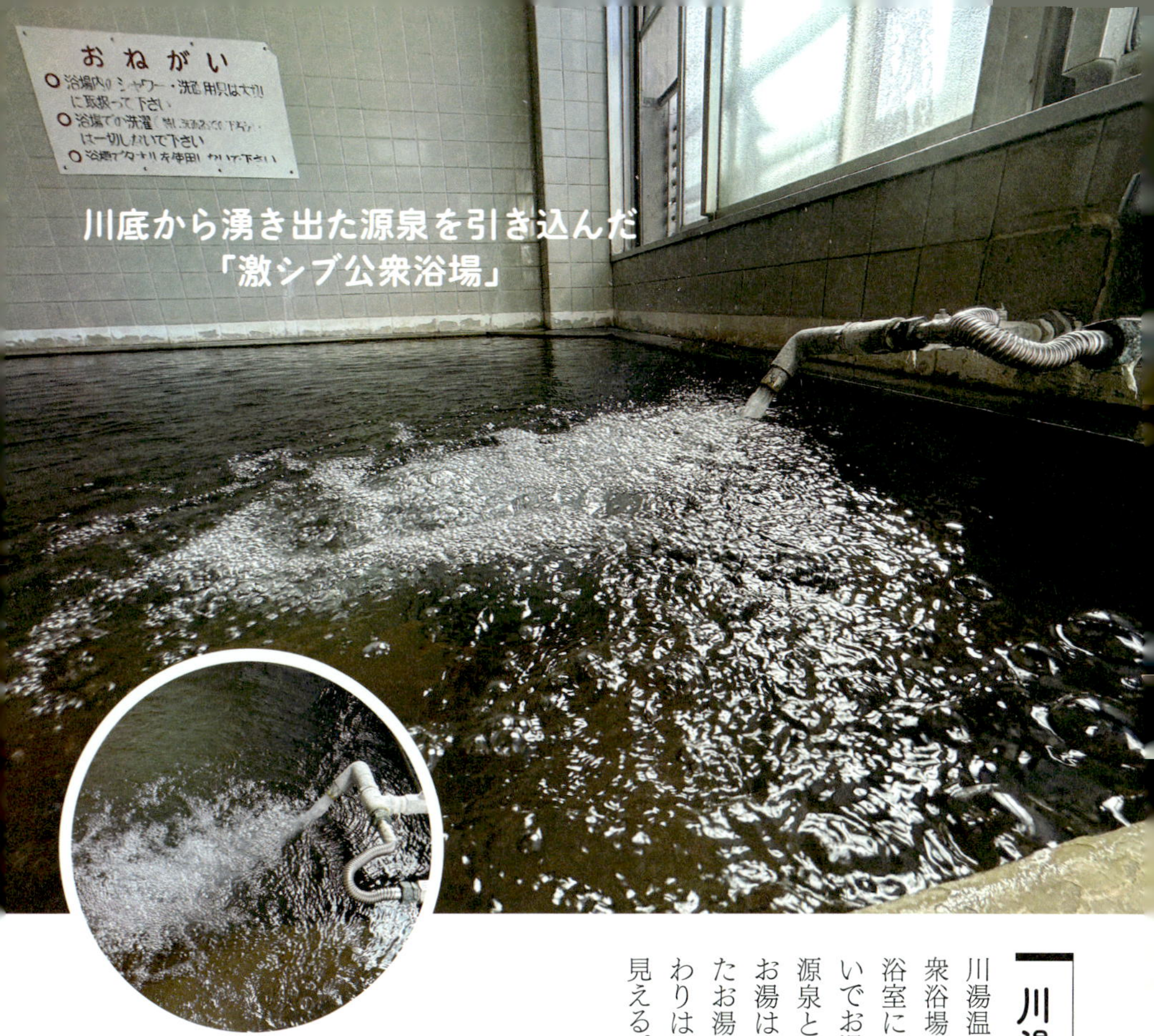

川底から湧き出た源泉を引き込んだ「激シブ公衆浴場」

川湯温泉 公衆浴場

川湯温泉にある昭和感あふれたレトロな建物が川湯温泉公衆浴場。ひなび具合が最高です。受付の狭い通路をぬけて浴室に入ると、浴槽につながる細い配管からすさまじい勢いでお湯が注がれている。もはやお湯のレーザービーム。源泉と川の水で温度調節がなされ、入浴すればもう極楽。お湯は常に「ドバドバからのザーザー」状態で、あふれ出たお湯に「あ〜、もったいない」と思うが、ドバドバに終わりはない。窓の外には大塔川が広がり、川の露天風呂も見える。いい温泉見つけたな。

内田仁

川湯温泉 公衆浴場

泉質　アルカリ性単純温泉
住所　和歌山県田辺市本宮町川湯 1423
電話　なし
料金　300 円

中国

極上ピュア湯が
足元からドバドバと！

奥津温泉 池田屋河《か》鹿《じか》園《えん》

一度廃業した老舗旅館がリニューアル。奥津温泉では控えめな存在です。昭和な感じの建物外観よりも中は新しくスタイリッシュです。

不感温度の透明な湯に浸ると、ぬるぬる感とアワワ感が五感を優しく刺激します。奥津温泉のほかのふたつの銘旅館とは対照的な明るく広い湯室、そして赤いタイルで縁取られた湯船が美しい。自家源泉の新鮮なお湯が静々と湧き出し、でも実は大量に掛け流されていて、ドバドバということばから想像されるものよりも、静かで落ち着いた雰囲気でした。

森泰成

昭和３年に建てられた木造建築が素晴らしい。

奥津温泉 池田屋河鹿園

泉質　アルカリ性単純泉（重曹系）
住所　岡山県苫田郡鏡野町奥津 55
電話　0868-52-0121
料金　要問い合わせ
宿泊　素泊まり 10,450 円〜

静々とあふれる新鮮なお湯。

明るい湯室、そしてタイルの官能的な美しさと上品さ……

奥津温泉 東和楼

静かな温泉街に佇む建物は、女将さん曰くもうすぐ１００年。館内に一歩足を踏み入れれば現実から切り離されたような静かな空間。そんな建物に新鮮なお湯がずっと湧き続けているなんて、それだけで素敵じゃないですか！

あいにく取材時はメインの浴槽が台風被害による修復工事中で入る事ができず、代わりにポンプアップによる掛け流しの家族風呂に浸かったが名湯に変わりなし。すばらしくピュアでやわらかな浴感！　これがメインの足元湧出だったらさぞかし素晴らしいはず！　ぜひともリベンジしたいところだ。

宮下智之

奥津温泉 東和楼

泉質　アルカリ性単純泉
住所　岡山県苫田郡鏡野町奥津 53
電話　0868-52-0031
料金　1000 円（宿泊は当分の間休業）

足元湧出のピュアな湯が惜しみなく湧き出てくる！

九州

火の国のアツきドバドバに
身悶えせよ！

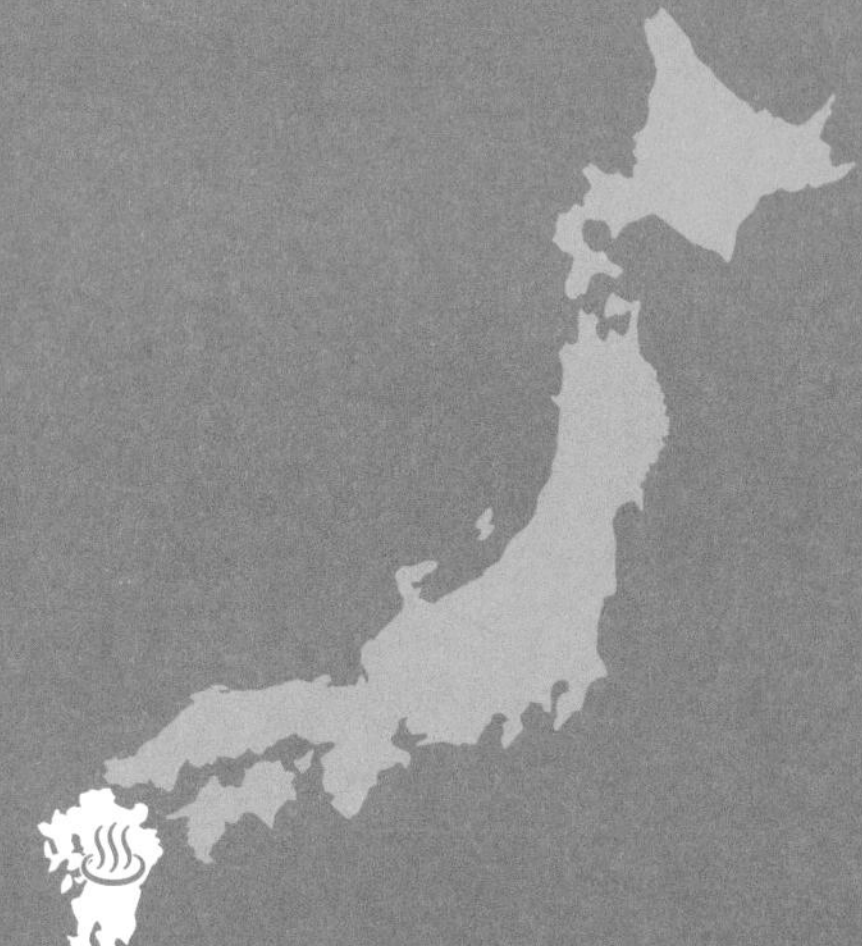

博多温泉 元祖元湯

青い塩ビの波板で囲われた手づくり感満載な浴室に、こぢんまりとした湯船。源泉温度49度というだけあって、浸かってみると肌にビシッとくる。熱いけれどもこれが実に気持ちいい。源泉は塩ビパイプでゴボゴボと注がれている。それが突然、ガッターン！ ゴボボボボブシュー！ と音をあげて間欠泉のごとく源泉を噴き出し、熱いしぶきが飛んでくる。熱！ な、なんだ？ 聞けばなんでもコンプレッサーで湯を送っているとのこと。「おもしろ人工間欠泉」とでも名付けたくなるユニークな温泉だった。

岩本薫

看板がなければ民家にしか見えない。

博多温泉 元祖元湯

泉質　塩化物泉
住所　福岡県福岡市南区横手 3-6-18
電話　092-591-6713
料金　600 円（13:00 ～ 15:00)、
　　　500 円（15:00 ～ 17:00)、
　　　400 円（17:00 ～ 18:00)

これぞ、おもしろ人工間欠泉？

山鹿温泉 新青山荘

こちらの宿は、昭和を感じさせるビジネスホテル。浴室のドアを開けると、虹色のカラフルなタイルとドバドバ湯が目に飛び込んできます。

湯は体感38度くらいの極上ぬる湯。親切な女将さんに話を伺うと、8年前の熊本地震の際、建物に亀裂が入り浴室のタイルの張替が必要に。その際「夢の懸け橋に」「希望と幸せな気持に」との想いを込めて、虹色のタイルにされたそう。女将さんの想いのこもった素敵な虹色タイルと極上ドバドバぬる湯。ここに来ればハッピー気分になれることうけあいです。

鶴見千恵子

外観はそっけない昔のビジネスホテル。

長湯必至の不感温度湯。

ハッピー気分になれる！ぬる湯好き必湯のドバドバ温泉！

山鹿温泉 新青山荘

泉質	アルカリ性単純温泉
住所	熊本県山鹿市新町104
電話	0968-44-0076
料金	400円
宿泊	素泊まり5,300円〜

内牧《うちのまき》温泉 大阿蘇温泉

建物外観からそそられる、昔ながらのひなびた感。お湯は阿蘇内牧温泉を代表する、うっすら緑色の綺麗なにごり湯である。泉質は濃ゆめの硫酸塩泉で、口に含むとなんとまあ独特の苦味を感じることができる。

浴槽は小さめの内湯がひとつのシンプルな造り。お湯が常にオーバーフローしており、鮮度の高さが伺える。施設は古く、浴槽のタイルは、長年のお湯の成分により、いい仕上がりを見せてくれている。なお、現在宿泊は行っておらず、立寄り湯のみとなっている。

吉村純平

内牧温泉 大阿蘇温泉

泉質 ナトリウム・マグネシウム・カルシウム–硫酸塩泉
住所 熊本県阿蘇市内牧 135
電話 0967-32-0157
料金 200 円

大阿蘇に潜む成分濃ゆめのにごり湯

奴留湯《ぬるゆ》温泉共同浴場

ひな研の温泉本『真夏の温泉』では、堂々の第1位を獲得した、奴留湯温泉共同浴場。

脱衣所までほのかな硫黄臭が漂うこの温泉は、珍しいぬるめの硫黄泉。常にオーバーフローのお湯、細めの糸のような湯の花、しばらく浸かると身体にまとわりつく炭酸泡。これらから抜群の鮮度の高さが伺える。そして何よりこの温泉、足元湧出なのである！

これほどの贅沢はなかなかお目にかかれないだろう。暑い夏場でも、ずっと浸かっていたくなる温泉である。逆に冬場は加温されるようだ。

吉村純平

奴留湯温泉共同浴場

泉質　単純硫黄泉
住所　熊本県阿蘇郡小国町北里 2284
電話　0967-46-2113
　　　(小国町役場情報課観光係)
料金　200 円

湯《ゆ》の児《こ》温泉 中村温泉

湯の児温泉にある、懐かしい雰囲気の中村酒店。実はここには貸切風呂があります。自家源泉タンクの隣の浴室棟には左右ふたつの浴室があり、左側の浴室のほうが広いので左側へ。中村さん宅におじゃましたかのような脱衣室が広くて快適です。

浴槽は縦長で全体像を撮影できない位の広さ。ツルスベで甘みのある美味しい源泉が満たされています。上向きの湯口のレバーを全開にすると鮮度抜群の源泉がさらに勢いを増して、豪快にドバドバと掛け流されます。これで1人500円、大ファンになりました。

角田貴志

湯の児温泉 中村温泉

泉質　ナトリウム−炭酸水素塩・塩化物泉
住所　熊本県水俣市大迫湯の児 1213
電話　0966-63-2278
料金　500 円（貸切風呂）

ピリッとした湯ざわりが虜になるなぁ。

大量の湯の花に包まれる熱めのお湯

山川温泉 ホタルの里温泉

初めて訪れた時から印象に残っているのは、なんと言っても大量の湯の花である。この一帯は湯の花が綺麗な温泉が多いが、中でもここは別格である。

湯口からはドバドバとお湯が注がれ、小さめの浴槽には、大量の湯の花がこれでもかと言うくらい舞っている。しかも、ひとつひとつの固まりが大きめで、大量に沈殿している。湯温は高め、酸性のお湯は身体にピリッとくる感じがある。

入浴中は濃ゆい硫黄の匂いに包まれる至福の時間である。名前の通り、夏には近隣で蛍を見ることができる。

吉村純平

山川温泉 ホタルの里温泉

泉質　含硫黄–カルシウム・ナトリウム–硫酸塩・塩化物泉
住所　熊本県阿蘇郡小国町北里 1534
電話　0967-46-2113（小国町役場情報課観光係）
料金　300 円

辰《たつ》頭《がしら》温泉

ここは二酸化炭素泉ではないにも関わらず、湯口付近では、身体に大量の泡がまとわりつく。ゆえにお湯の鮮度の高さが半端じゃないのである。お湯は常に大量のオーバーフロー、湯口からの湯量も凄まじい。湯温も高すぎず、いつまでも長湯してしまう。お湯はほのかに鉄のような匂い。口に含むと若干の渋みを感じることができる。露天風呂も同じ、内湯ほどではないが泡がまとわりつく。なお、湯口付近は人気のポイント。特に人が多い際は、時間を考慮し、交代すべしである。

吉村純平

辰頭温泉

泉質　ナトリウム–炭酸水素塩泉
住所　熊本県菊池市泗水町田島
　　　620-1
電話　0968-38-3190
料金　350 円

人気の湯口ポジションは譲り合いの精神で。

河川敷の人気温泉！
アワアワの贅沢湯

菊池温泉 宝来館

アルカリ性の美肌の湯として有名な菊池温泉。老舗旅館のひとつである宝来館もまた、その象徴と言える温泉である。混ざり気のない、恐ろしく透き通ったヌルヌルのお湯は、浸かると身体にまとわりついてくるのが感じられる。さらに、飲んでみるとほのかな甘味を感じられ、大変美味しい。お湯はライオン口からドバドバドバドバと途切れることがない。贅沢に、一日中出続けている。外にはオシャレな足湯も完備されており、旅行客の疲れも癒してくれる。

吉村純平

菊池温泉 宝来館

泉質　アルカリ性単純温泉
住所　熊本県菊池市隈府 1124
電話　0968-25-2703
料金　600 円

老舗旅館に潜む
スーパーヌルヌル
美肌の湯

深《しん》耶《や》馬《ば》温泉 岩戸湯

奇岩が連なる景勝地、深耶馬溪を走っていると、「耶馬もちシフォンケーキ」ののぼりが見えてきます。そして、そこにあったのは、源泉掛け流しと書かれた温泉。階段を降りた地下に、その温泉はありました。ドバドバと掛け流された温泉は少しぬるめで、大好物な温度です。つるつるすべすべになります。湯上がりにいちごパフェを食べたかったけれど、完売だったのでいちごジュースをいただきました。併設のカフェにはこだわり食材のスイーツがいっぱい。

小塩真樹枝

深耶馬温泉 岩戸湯

泉質　単純温泉
住所　大分県中津市耶馬溪町大字深耶馬 3216-2
電話　0979-55-2923
料金　400 円

別府温泉 旅館ちとせ

一見民家に見える建物の引き戸を開けると看板犬のユズが「ワンワン」とお出迎え。ちとせは貸し切りで入るスタイルなので、空いていれば必ず独泉できる。ナトリウムのほか、カルシウムなども豊富に含んでいるため、浴槽にはびっしりと析出物が付いている。湯口からはドバドバと新鮮なお湯が注がれているが、源泉が50度以上あるため、一度湯口の下の湯溜まりで冷ましてから浴槽に注がれる。残念ながら宿泊のみだが、一泊3000円と格安なので是非泊まって堪能して欲しい。

池田剛

ちとせ

旅館ちとせがある北部旅館街は、かつて遊郭だったそう。

別府温泉 旅館ちとせ

泉質　ナトリウム–炭酸水素塩泉
　　　（純重曹泉）
住所　大分県別府市駅前本町 8-6
電話　0977-22-0746
　　　または 090-2968-8606
宿泊　素泊まり 3,000 円
　　　（日帰り入浴不可）

浴槽に入るとザバーっとオーバーフロー！
でもすぐに新鮮なお湯が足される贅沢

敷地内から湧出する新鮮な自家源泉を掛け流していて 24 時間入浴可能。析出物の多さが、かつて重炭酸土類泉だったことを物語る。

江之島温泉共同浴場

国道から車1台分ギリギリの狭い道に入り、海に突き当たったら堤防を右折。地面は火山灰か火山レキ、6台分程ある駐車場の前は、海と桜島が美しいベストフォトスポットである。

番台で料金を払い別棟の木造モルタル平家建、切妻屋根の湯小屋へ。湯船には仕切りがあるので、二股湯口からのドバドバを楽しむもよし、ゆっくりぬる湯側で味わうもよし。窓から日の光が差し、薄めの昆布茶のような湯が贅沢に掛け流されている。鹿児島入りの際は必ず立ち寄るべき貴重な施設である。

今中宏明

ひなびがなんとも味わい深い外観。

江之島温泉共同浴場

泉質　単純硫黄泉
住所　鹿児島県垂水市海潟 541-1
電話　0994-32-0765
料金　350 円

テイエム牧場温泉

さんふらわあに乗船し、大隅半島側志布志港フェリーターミナルから鹿児島県に上陸しての訪問。一説によるとテイエムオペラオーの馬主さん所有で牧場があったらしい。敷地内には温泉の井戸があり、湯が空に向かって元気よく自噴している様子はずっと見ていられる。建屋は波板で手作り感満載。ロッカーキーを受け取ったらいざ入湯。こってこてのスケール（析出物）が湯船を覆っている。温泉の井戸から20メートルほどの配管を経て静かに注がれる湯はぬるめで長湯を楽しむことができる素晴らしい施設。

今中宏明

テイエム牧場温泉

泉質　ナトリウム・カルシウムー炭酸水素塩温泉
住所　鹿児島県垂水市新城 4453-1
電話　0994-35-3520
料金　500 円

手作り感あふれる浴室も魅力だ。

析出物でできたような広い湯船に
極上ぬる湯がドボドボと

妙《みょう》見《けん》温泉 田島本館

霧島火山帯、天降川沿いに位置する湯治の宿である。江戸末期、創始者である田島十郎次が水田に湧く源泉を発見したことに始まる歴史ある湯とのこと。この辺りはドバドバ湯量豊富な温泉が多数あり、野湯の竹林の湯も近く1日中楽しめる。神経痛の湯、きず湯、胃腸湯の3つの浴槽があり、「杖いらずの湯」と称される。

日帰り利用では、このうち神経痛の湯に入ることができる。泡粒を含む適温の湯が、空気に触れることなくUV管で勢い良く注がれる。小さな平家の湯小屋も良い味を出している。是非。

今中宏明

妙見温泉 田島本館

泉質　炭酸水素塩泉
住所　鹿児島県霧島市牧園町宿窪田 4236-1
電話　0995-77-2205
料金　300 円
宿泊　1 泊 2 食付き 11,170 円～

効くなぁ、さすがは杖いらずの湯。

湯治にきて杖忘れて帰る
妙見温泉老舗旅館

霧島の山奥にひっそりと佇む湯之谷山荘
ここは硫黄泉と炭酸泉という最高の宿なのです！

3つの湯をトリプル交互浴で楽しもう！

霧島湯之谷山荘

最大の魅力は、温度の違う3つの浴槽からなる無限ループを一晩中楽しめるということ。一番奥の湯は激熱の硫黄泉。なんと45度前後！真ん中の湯は炭酸泉との混合泉で40度前後。一番手前の小さな浴槽が30度の炭酸泉。どの浴槽からもドバドバお湯があふれており最高です。

ここは泊まりが断然おすすめ。夜は、食べきれないほどのご馳走が。美味い飯を食べて、極上の無限ループ……もう言葉がありません。

矢作一樹

霧島湯之谷山荘

泉質　硫黄泉、炭酸泉
住所　鹿児島県霧島市牧園町高千穂 4970
電話　0995-78-2852
料金　500 円
宿泊　素泊まり 4,400 円〜

妙《みょう》見《けん》温泉 妙見石原荘

敷地内に湧く7つの自家源泉が、それぞれ個別の浴槽へ掛け流されているという贅沢さ。内湯には神秘的なモチーフの壁面からドドォーッと強烈な勢いで源泉が注がれる。
豪快な湯の投入とオーバーフローの露天風呂に加え、川沿いの道を下るアプローチが楽しい野天風呂もある。こちらでは源泉が湯中に注がれ静かだが、豊富な湯量は顕在。天降川のせせらぎに包まれ、自然との調和を感じられる。鹿児島の四季の食材を活かした懐石コースもまた素晴らしいので、是非宿泊し、心ゆくままに堪能したい。

野城聡志

妙見温泉 妙見石原荘

泉質　ナトリウム・カルシウム・マグネシウム−炭酸水素塩泉
住所　鹿児島県霧島市隼人町嘉例川4376
電話　0995-77-2111
料金　1,800 円
宿泊　1 泊 2 食付き 33,000 円〜

ドバドバ源泉フルコースを堪能せよ！

圧巻のドボドボ投入に大感動！

あとがき

善は急げと言うけれども、温泉も急げ、なのである。いや、ホント、今回この本をつくりながらつくづく思った。それというのも、掲載しようとしていた温泉が、実はすでに廃業していたとか、来年廃業するとか、そういうケースが数件あったりして、さらにそれどころか1位にランクインした「古遠部温泉」、7位にランクインした「ハッピィー百沢温泉」という、温泉マニアの間では知らぬものなしの人気のドバドバ温泉さえも、一時は老朽化、後継者問題で廃業の危機に瀕していたわけで、昨年、無事に後継者が決まって事業継承されることとなって、ホッと胸をなでおろしたことも記憶に新しい。

温泉というのは、ある意味、よい温泉ほどその成分の濃さゆえに施設や設備を傷めるところがあって、普段の管理費はもちろんメンテナンスや修繕費がかかるんですね。それでありながら観光地とは無縁の昔ながらの湯治場のようなひなびた温泉なんかは、今でも入浴料が２００～３００円なんていうところも珍しくはなく、経営も大変なのだ。しかもそういうところの温泉は素朴で商売的にガツガツしていない。「こんな儲からない家業を子供に継がせる気はないから、自分の世代で終わりにしようと思ってるんだよね」なんていうこともよく聞く。今後、日本の少子化にともなう人口減少は避けられないわけだし、そんな時代の中でトレンドやマーケティングとは無縁のひなびた温泉がますます経営困難に陥っていくのは火を見るよりもあきらかだろう。

だからこそ応援したい。本書にはそんな思いが込められています。もちろんこんな本を出したからといって、そういう温泉を救えるなんてミジンも思ってはいないけれども、ひとりでも多くの人たちにそれらの温泉の魅力が伝わって、また何度でもリピしたいお気に入りの温泉になってくれたらな、と、切に思うわけであります。

ドバドバ温泉ばかりをご紹介したこの本を読まれて、「ああ、行ってみたいな」って思ったら、ためらわずに行くべし！　善は急げ、温泉も急げ。本書掲載の温泉はどれもハズレなしだから、自信を持ってオススメします。あなたのリピ温泉になることも願って。

ひなびた温泉研究所ショチョー　岩本薫

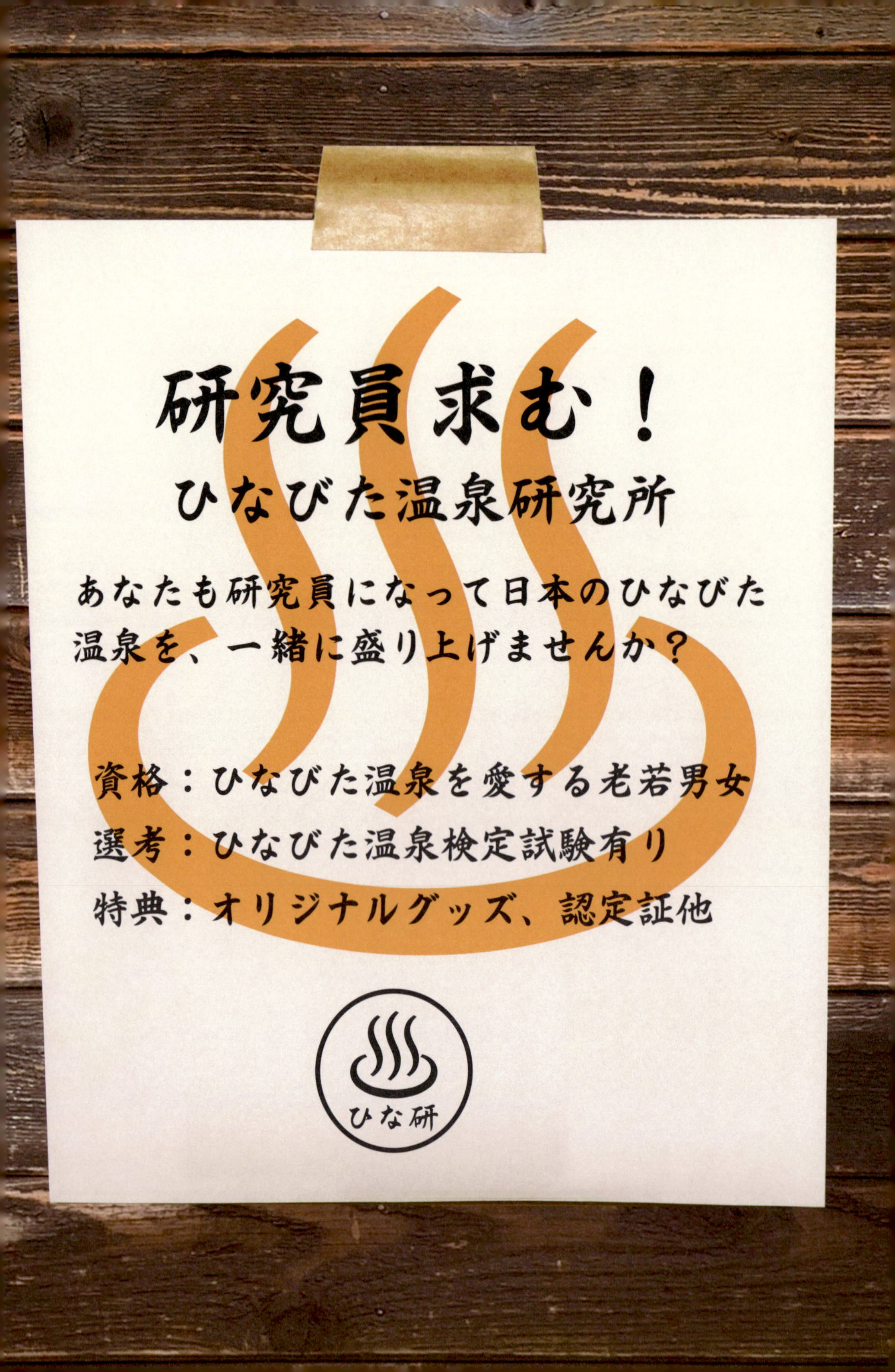
研究員求む！
ひなびた温泉研究所
あなたも研究員になって日本のひなびた
温泉を、一緒に盛り上げませんか？
資格：ひなびた温泉を愛する老若男女
選考：ひなびた温泉検定試験有り
特典：オリジナルグッズ、認定証他
ひな研

日本のひなびた温泉を
温泉好きのみんなで盛り上げて、
元気にしよう！

ひなびた温泉研究所は、温泉本作家の岩本薫が主宰する、日本のひなびた温泉をみんなで盛り上げていくコミュニティ。愛すべきひなびた温泉。でも、その多くが廃業の危機にさらされているのもまた事実です。ひなびた温泉研究所は、プロジェクトやイベント、湯巡りなどを通じて、みなさんと一緒にサポーターのようにひなびた温泉を盛り上げていきたいと思っています。なくしてはいけない昔ながらのひなびた温泉。あなたも一緒に日本のひなびた温泉を元気にしていきませんか？

研究員になると、どんなことがあるの？

ひなびた温泉研究所の研究員になると、いいこと、楽しいことがいっぱい！　ひな研オリジナル温泉グッズや、研究員の証である認定証や名刺がもらえたり、ユニークな協業プロジェクトに参加できます。また、メンバー同士、自然とつながっていくので、各自で誘い合って自由に湯巡りを楽しんだりしております。みなさんが、もっとひなびた温泉を楽しめるような企画もいろいろと実施していきたいと思っています。

ひな研オリジナルの赤い温泉タオルやトートバッグ、缶バッジなどのグッズ。そして研究員の証である認定証や名刺がもらえます！

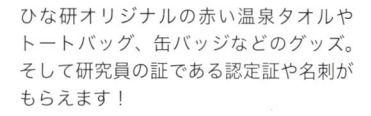

みんなでつくる
温泉ガイド本
プロジェクト！

みんなでユニークな温泉ガイド本をつくるプロジェクトも！

ひな研では、ユニークな温泉本もつくっています。日本のひなびた温泉を日本百名山みたいに百湯選定してランキング化した「日本百ひな泉」。そして温泉は暑い夏だって楽しめるというメッセージを込めた「真夏の温泉」。いずれもこれまでになかった切り口のひな研ならではの温泉本。ランキング投票から執筆、取材まで、参加できます。もちろん執筆者として書籍にあなたのお名前も掲載されます。自分たちで作った本が全国の本屋さんに並ぶのはうれしいものですよ。

ひな研へのご参加はネット検定試験を受けるだけ！

ひなびた温泉研究所／研究員募集サイト

https://hinaken-kentei.info

ひなびた温泉研究所の研究員になるにはネット検定試験を受けていただきます。

ただし、この検定試験は参加者をふるいにかけるためのものではなく、検定試験をクイズみたいに楽しんで、温泉に興味を持って研究員になっていただきたいということを目的としているので、制限時間内であれば、答えをネットで調べながら答えても OK です。

みなさまのご参加をお待ちしております。日本のひなびた温泉を元気にするのは、あなたです！

あなたのご参加、待ってま〜す！

ひなびた温泉
ゴールドトラベラー
資格認定

オンライン講座を受けて、あなたも「ひなびた温泉ゴールドトラベラー」になりませんか？

※実物大

資格認定ゴールドカードには、温泉ソムリエや銭湯サポーターなど、温泉関係保有資格として、あなたがお持ちの他の資格名も表記できますよ！

社団法人
日本カルチャー協会
公認の資格です！

「ひなびた温泉ゴールドトラベラー」の証として、あなただけの、名前・肩書き・シリアルナンバー入りの、資格認定ゴールドカードがもらえます！

「ひなびた温泉ゴールドトラベラー」は、ユニークな資格を多数発行している社団法人日本カルチャー協会とひなびた温泉研究所とのコラボレーション資格として生まれた資格制度です。
観光地とは無縁なひなびた温泉の旅は、観光旅行とは大きく違う。でも、だからこそ楽しみかたも自由で奥深い。「ひなびた温泉ゴールドトラベラー」はそんな奥深いひなびた温泉の旅の魅力、楽しみかたをオンライン講座で学べます。そして講座を修了された方を「ひなびた温泉ゴールドトラベラー」として資格認定し、その証であるひなびた温泉ゴールドトラベラー資格認定ゴールドカードと、その他特典グッズを進呈いたします。資格認定ゴールドカードには、温泉ソムリエや銭湯サポーターなど、あなたがお持ちの他の資格や肩書きも表記できますので、あなたの温泉愛をインパクトたっぷりにアピールするカードになります。
詳しくは「ひなびた温泉ゴールドトラベラー」でネット検索、もしくは下記 URL にアクセスしてください。

https://hina-ken.com/goldtraveler

ビジュアルガイド シリーズ

岩本薫（いわもと・かおる）

作家、ひなびた温泉研究所ショチョー

1963年東京生まれ。本業のコピーライターのかたわら、Webマガジン「ひなびた温泉研究所」を運営しながら、日本全国のひなびた温泉を巡って取材し、執筆活動をしている。普通の温泉に飽きたらなくなってしまい、マニアックな温泉ばかりを巡っているので、珍湯、奇湯、迷湯など、ユニークな温泉ネタに事欠かない。
NHK「ごごナマ」、テレビ東京「よじごじDays」をはじめ、テレビ、ラジオ、雑誌などのメディアに多数登場。『ヘンな名湯』『日本百ひな泉』『真夏の温泉』『もう、ひなびた温泉しか愛せない』など、著書多数。

Webマガジン「ひなびた温泉研究所」
https://hina-ken.com/

ドバドバ温《おん》泉《せん》ドバイブル

2025年1月 8日　初版第1刷
2025年1月22日　初版第2刷

著　者　岩本薫

発行人　松崎義行

発　行　みらいパブリッシング

〒166-0003 東京都杉並区高円寺南4-26-12 福丸ビル6階
TEL 03-5913-8611　FAX 03-5913-8011
https://miraipub.jp　MAIL info@miraipub.jp

カバーイラスト　吉岡里奈

編　集　松下郁美

ブックデザイン　洪十六

発　売　星雲社（共同出版社・流通責任出版社）

〒112-0005 東京都文京区水道1-3-30
TEL 03-3868-3275　FAX 03-3868-6588

印刷・製本　株式会社上野印刷所

ISBN978-4-434-34927-0 C0026

本書の情報は発行日時点のものです。予告なく変更される場合や、廃業や営業が休止されることもありますので、ご利用時には最新情報を確認されることを強くおすすめいたします。また、著者のウェブサイトもぜひ併せてご覧ください。

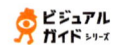